Corinne Matzka / Jonas Engelmann

Vegane Eltern –
junges Gemüse

Handbuch für den
veganen Familienalltag

Ventil

Corinne Matzka wurde in Eisenhüttenstadt geboren, nach der Wende Umzug ins Rheinland. Schöne und prägende Jahre in Mülheim an der Ruhr, anschließend unüberzeugtes Studium der Kunstgeschichte und Geschichte am besten Beobachtungspunkt: Marburg an der Lahn. **Jonas Engelmann** arbeitet seit Abschluss seines Komparatistik-Studiums im Ventil Verlag und an diversen anderen Baustellen. Momentan leben sie mit zwei Kindern in Wiesbaden.

Bildnachweise: S. 11 © Depositphotos.com/ BestPhotoStudio, S. 37 © Depositphotos.com/alenkasm, S. 93 © Depositphotos.com/e_novozhilova, Fotos der Interviewpartner: privat

1. Auflage Juni 2016

© Ventil Verlag UG (haftungsbeschränkt) & Co. KG, Mainz 2016
Edition Kochen ohne Knochen
ISBN 978-3-95575-029-9

Gesamtgestaltung und Illustrationen: Oliver Schmitt, www.layoutphase.de
Cover unter Verwendung eines Fotos von marshi/photocase.de
Druck und Bindung: Buchdruck Zentrum

Ventil Verlag, Boppstr. 25, D-55118 Mainz
www.ventil-verlag.de

edition KOCHEN OHNE KNOCHEN

Inhalt

5   Junges Gemüse

7   Erziehung zum eigenständigen Denken. Über dieses Buch

Teil 1: Die vegane Lebensweise vermitteln

12   Zur Vermittlung von Werten

15   Vertrauen und Verantwortung. Annette Diehl im Gespräch über Ernährungspädagogik

20   »Warum?« Über Fragen und Antworten

24   »Ich will Käse!« Kinder haben einen eigenen Kopf

26   Kinder brauchen Vorleber und weniger Vorbilder. Im Gespräch mit Edith Gätjen

32   Meine Suppe ess' ich nicht! Picky Eaters

Teil 2: Familienalltag

38   Kommunikation statt Konflikt. Großeltern & Co.

42   Vertraute und keine Gegner. Bei der Kinderärztin

46   Den Veganismus positiv vermitteln. Im Gespräch mit Anke Helène

50   Von Kitas und Babysittern

53   Vegane Kinder wollen essen. Im Gespräch mit Daniel Böhme

57   Feste sind da, um gefeiert zu werden. Kindergeburtstag!

59   Veganismus ist ein Prozess. Im Gespräch mit Reuben Proctor

62   Aber bitte ohne Tierleid. Pflegeartikel, Badezusatz, Windeln & Co.

65   Siebenmeilenstiefel für die Kleinen

67   Jeder kleine Schritt ist besser als keiner. Davie, Carrie und Stefan über ihr veganes Familienleben

72   Das zweifelhafte Vergnügen an der Dressur. Besuch im Zirkus

76 Bildung oder Unterhaltung? Mein Kind im Zoo

79 Verantwortung übernehmen, aber richtig. Die Haustierhaltung

81 Artgerecht ist nur die Freiheit. Interview mit den Veganos

84 Vegan auf Reisen

88 Ohne Eltern auf Tour. Klassenfahrt, Jugendfreizeit etc.

90 Kein Druck, keine Verbote, keine Schuldgefühle. Im Gespräch mit Sohra Behmanesh

Teil 3: Ganz nach unserem Geschmack: Gesunde Ernährung

94 Mutter werden. Schwangerschaft und Stillzeit.

94 > Vegane Ernährung während der Schwangerschaft

96 > Stillen ist kein Muss

98 > Stillen wäre schön, aber was, wenn's nicht klappt?

100 > Kleiner Kolik-Leitfaden

101 > Wichtige Nährstoffe während der Stillzeit

103 Grundstein für eine gesundheitsfördernde Ernährungsweise. Im Gespräch mit Dr. Markus Keller

107 Nährstoffbedarf von Kindern in den verschiedenen Lebensphasen

109 > Beikost

111 > Erstes bis fünftes Lebensjahr

114 > Sechstes bis zwölftes Lebensjahr

116 > Vegane Teenager ab dreizehn Jahren

118 Infoblock Nährstoffe

120 > Nährstoffbedarfstabelle

122 > Symptome für Mangelernährung

122 > Nahrungsergänzungsmittel

125 Bezugsquellen

125 Blogs veganer Eltern

126 Literaturempfehlungen

Junges Gemüse

Eltern kennen es und diejenigen ohne Kinder ahnen es: Mit der Geburt des Kindes wird plötzlich alles anders, das Leben völlig umgekrempelt. Es ist aufregend, plötzlich einen eigenen, kleinen Familienalltag zu organisieren, die Gelegenheit zu bekommen, das eigene Leben kritisch zu überdenken und das ein oder andere in neue Richtungen zu steuern, andererseits bleibt von den verheißungsvollen Möglichkeiten im von Schlaflosigkeit und der Nahrungsaufnahme des Kindes bestimmten Alltag real leider oft nicht viel übrig. Vor allem Zeit ist Mangelware – dies ist auch einer der Gründe, warum sich die Veröffentlichung dieses Buches um fast zwei Jahre verzögert hat. Womöglich musste es, wie auch unsere Elternschaft, noch ein wenig reifen: Um Rat geben zu können, mussten wir selbst noch in einige Situationen kommen, in denen guter Rat teuer war. Gewachsen ist seitdem nicht nur das Buch, sondern auch die Familie – war unser Sohn Lior zu Beginn der Arbeit am Manuskript ein halbes Jahr alt, steuert er nun auf sein drittes Lebensjahr zu und hat seit einigen Wochen einen Bruder, Leonid, um den er sich rührend kümmert.

Weil wir nur die Stimmen zweier Eltern abbilden können, die sich darüber hinaus auch nicht immer einig sind, haben wir weitere Eltern, BloggerInnen, PädagogInnen und ErnährungsexpertInnen um ihre Erfahrungen und Meinungen zum Thema vegane Familie gebeten, um ein breites Spektrum von Ideen und Ratschlägen, Problemen und Lösungen abzudecken. Vieles sehen wir ähnlich wie unsere BeiträgerInnen, manches nicht, anderes würden wir ganz anders machen, doch, das haben wir in den Jahren unserer Elternschaft gelernt, es gibt selten nur eine Lösung, dafür aber viele Kompromisse. Wir hoffen, dass ihr aus diesen Stimmen und Ideen Inspiration für euren eigenen Alltag findet und eigene Lösungen auf dem holprigen Weg veganer Familien entwickelt.

Der Veganismus ist für uns in erster Linie eine politische Idee, ein Teil dessen, was wir unseren Kindern an Werten mit auf den Weg geben wollen. Ob unsere Ideale Anklang finden, wird sich irgendwann zeigen, die Vermittlung einer Sensibilität dafür, dass wir als Menschen nicht alleine auf der Welt sind, dass wir uns alle immer in politischen Kontexten bewegen, zu denen wir uns verhalten – selbst wenn wir uns nicht dazu verhalten –, dass das Private politisch ist, all dies steckt in diesem Buch. Veganismus ist kein Lifestyle, den man an- und wieder ablegt, wenn die derzeitige Mode wieder abgeebbt ist, sondern eine grundsätzliche Entscheidung für einen respektvollen Umgang mit Tieren, Menschen und der Umwelt. Unsere Erziehung ist darauf angelegt, die uns umgebenden Verhältnisse nicht zu ignorieren, sondern wahrzunehmen und Konsequenzen daraus zu ziehen – ohne Druck und Verbote. Am Ende des Erziehungsprozesses soll ein junger Erwachsener stehen, der sich selbstbewusst in der Welt bewegt, der Zusammenhänge und Hintergründe erkennt und der den Mut hat, eigene Wege zu gehen und eigene Entscheidungen zu treffen. Ernährungserziehung ist nicht losgelöst von der sonstigen Erziehung, sondern Teil unseres politischen Lebenskonzepts. Vegane Ernährung ist dabei nur ein Aspekt von vielen Werten, die wir an unsere Kinder weitergeben wollen. Genauso wichtig, in manchen Momenten sogar wichtiger, sind die Ablehnung von Gewalt, die Positionierung gegen Sexismus, Rassismus, Antisemitismus und Homophobie oder die Bedeutung von gesellschaftlichem Engagement: Über diese Werte definieren wir uns und wollen sie weiterreichen, sie im besten Fall zu einem selbstverständlichen Teil der Persönlichkeit und des Charakters unserer Kinder werden lassen. Wenn ihr euch ein Buch wie das unsere kauft, sind euch die Werte, die ihr euren Kindern vorlebt, ebenfalls ein wichtiges Anliegen. Welche Schwerpunkte ihr setzt und auf welche Weise ihr sie vermittelt, müsst ihr selbst entscheiden, einige Anregungen findet ihr hoffentlich in diesem Buch.

Wiesbaden im Mai 2016

Erziehung zum eigenständigen Denken

Über dieses Buch

Veganes Leben ist ein Abenteuer. Ohne Milch, Eier und Butter einen Kuchen zu backen, mag manchem als unmögliches Unterfangen erscheinen, tatsächlich aber ist es die Chance, eine fabelhafte Vielfalt im Bereich pflanzlicher Ernährung zu entdecken. Mit dem Veganismus rückt die Ernährung in den Fokus. Und das macht Spaß! Oft ist es Detektivspiel und kreative Herausforderung zugleich, passende Ersatzstoffe für dies und das zu finden. Es gibt dabei so viel Neues zu entdecken und auszuprobieren: Sushi einmal selbst zubereiten, auf der Suche nach Tempeh in bisher unbekannten Geschäften landen und sich für die Okraschoten im persischen Laden um die Ecke mit dem Inhaber verquatschen … Aber wo finde ich den neuen veganen Schmelzkäse für die Pizza, und wie schmeckt die vegane Salami?

Der Alltag als junge vegane Familie ist geprägt von vielen Fragen, nicht nur nach Lebensmitteln. Natürlich ist die Unsicherheit von vielen frischen Eltern sowieso schon enorm, und daher ist es normal, sich auch mal überfordert zu fühlen. Wie in allen Familien stellen sich immer wieder neue Fragen und Herausforderungen. Bei denen rund um den veganen Familienalltag möchten wir gerne mitberaten: Wie finde ich den geeigneten Kindergarten für mein Kind, welche Ansichten über die Welt will ich meiner Tochter mit auf den Weg geben und wie gehe ich mit der Trotzphase meines Sohnes um? Wie kann ich mein heranwachsendes Kind mit allen nötigen Nährstoffen versorgen? Dazu kommen kritische und manchmal wenig informierte KinderärztInnen, Großeltern, die immer alles besser wissen, kein veganes Essen in der Kita ...

Weil vor all diesen Alltagsfragen die Frage nach dem großen Ganzen steht, die Frage danach, was wir unseren Kindern mit auf den Weg geben, welche Werte und Ideale wir vermitteln wollen, nimmt unser pädagogischer Ansatz einen großen Raum in diesem Buch ein. Ein Leben frei von tierischen Produkten ist mehr als lediglich die Entscheidung, auf tierische Nahrungsmittel zu verzichten. Es ist vielmehr eben auch die Entscheidung für einen respektvollen Umgang mit Tieren, Menschen und der Umwelt. Und diese Idee sollte selbstverständlich auch unsere Erziehung prägen. Bleibt die Frage: Wie stellt man das an? Wie definiert sich eine bewusste, politisch und ethisch fundierte Erziehung? Und wie vermittelt man sie einem Zweijährigen ...? Autoritäres Gehabe als Erziehungsmethode kommt für uns nicht in Frage. Effektiver ist das Vorleben unserer Ideale, denen unsere Kinder vielleicht irgendwann nacheifern, wenn sie eigene Entscheidungen fällen und sich eigene Gedanken machen. Denn der Veganismus ist eine Erziehung zum eigenständigen Denken, zum Infragestellen und Prüfen von vermeintlich Gesetztem und den gegebenen Zuständen. Um die Vermittlung dieser Erziehung zum eigenständigen Denken und die damit verbundenen Kompromisse und Probleme geht es im ersten Teil des Buches.

Kinder zu haben, heißt, das haben wir schnell gemerkt, immer wieder aufs Neue abzuwägen und auch Entscheidungen zu treffen, die vielleicht manchmal von den eigenen Überzeugungen abweichen. Kindergeburtstage, Krankheiten, Lauflernschuhe, Zoobesuche, Klassenfahrten, Haustierwünsche: Beispiele gibt es viele, die Eltern herausfordern. Immer wieder werden Kompromisse notwendig, die gemeinsam mit dem Kind erarbeitet werden können. Auch das ist Elternalltag. Diesem Alltag widmen wir den zweiten großen Block in diesem Buch.

Gerade beim ersten Kind wird man als junge Eltern in unzählige ungewohnte Umfelder geworfen, Kitas und Kinderärzte, Krabbelgruppen und Babyschwimmen etwa, in denen man sich erst mal zurechtfinden muss. Wenn man dann dort als VeganerIn auftritt, sind die kritischen Nachfragen und das Unverständnis meist vorprogrammiert. In manchen Kitas kann man angesichts einer fehlenden rechtlichen Grundlage für die Kindergartenspeisung froh sein, wenn es ein vegetarisches Angebot gibt.

Bei solchen Problemen wollen wir in diesem Buch helfen, aber auch ganz praktische Lösungen für Alltagsprobleme anbieten: Welche Kinderpflegeprodukte sind vegan und wo bekomme ich sie her? Gibt es Nahrungsergänzungsmittel speziell für die Bedürfnisse von Kindern? Nicht fehlen darf in einem Ratgeber, der sich im Alltag bewähren soll, eine detaillierte Ausführung darüber, welche Nährstoffe Kinder in welchem Stand ihrer Entwicklung benötigen und wo sie diese herbekommen können, was im dritten Oberkapitel des Ratgebers zusammengefasst vorliegt. Beginnend mit der Schwangerschaft, haben wir übersichtlich zusammengetragen, welche Empfehlungen aktuell von KinderärztInnen und Ernährungsfachleuten ausgesprochen werden.

Teil 1

Die
Vegane
Lebensweise
vermitteln

Zur Vermittlung von Werten

Weil ein veganes Leben mehr ist als der Verzicht auf tierische Produkte und letztlich für ein Lebenskonzept steht, ist für uns die Vermittlung der politischen Dimension eines solchen Lebens zentral. Eine vegane Erziehung ist darauf angelegt, aus den uns umgebenden Verhältnissen Konsequenzen zu ziehen, wobei der Veganismus für uns nicht losgelöst ist von der sonstigen Erziehung. Genauso wichtig ist die Ablehnung von Gewalt, Sexismus, Rassismus, Antisemitismus und Homophobie oder die Bedeutung von gesellschaftlichem Engagement: Über Werte definieren wir uns und wollen sie an unsere Kinder weitergeben.

Viel nachhaltiger und gesünder als Verbote und Gebote, Überwachen und Strafen ist bei dieser Weitergabe von politischen Idealen das konsequente und glaubwürdige Vorleben dieser Werte und die offene Kommunikation mit den Kindern über die Hintergründe dieser Ideale. Der Veganismus kann eine Erziehung zum eigenständigen Denken, zum Infragestellen von Autoritäten und den gegebenen Zuständen sein, und zu diesem Hinterfragen gehört im Laufe der Entwicklung von Kindern und Jugendlichen selbstverständlich auch das Hinterfragen der von den Eltern gelebten Werte. In solchen Momenten heißt es gelassen zu bleiben, sich an die Konflikte im eigenen Elternhaus zu erinnern, und nicht sofort die eigene Erziehung gefährdet zu sehen. Vielmehr ist es ein positiver Aspekt des Erwachsenwerdens, wenn die eigenen Kinder anfangen, sich kritisch mit ihrer Umwelt auseinanderzusetzen. Auch wenn es manchmal schwerfällt: Bleibt in solchen Momenten respektvoll, sprecht auf Augenhöhe mit eurem Kind, erläutert die eigene Position und sucht gemeinsam nach Lösungen, die nicht von Streit und Misstrauen geprägt sind. Keine Entscheidung deines Kindes ist zwangsläufig für immer, prägend bleibt vor allem, was zu Hause auch in Krisensituationen vorgelebt wird: Respekt gegenüber individuellen Entscheidungen.

Mit Kindern zu leben, sie zu erziehen und sich täglich aufs Neue mit ihnen auseinanderzusetzen, bringt es mit sich, dass nicht immer alles wie am Schnürchen läuft. Ständig müssen Konflikte gelöst, Meinungsverschiedenheiten ausgehandelt, Trotzverhalten geschluckt und Kompromisse geschlossen werden – Kompromisse, die gemeinsam mit dem Kind erarbeitet werden können. Manchmal aber spielen sich diese Konflikte und Meinungsverschiedenheiten auch nur in euch selbst ab, dann nämlich, wenn es darum geht, Kompromisse eingehen zu müssen, die euren eigenen politischen und ethischen Überzeugungen widersprechen. Auch das ist Elternalltag, nicht nur in veganen Haushalten, und manchmal ist der einzige Weg die Überwindung der eigenen ethischen Maßstäbe zum Wohl des Kindes, nicht nur im Fall

»Ein paar Tage später, nach unserer Rückkehr aus dem Krankenhaus, schickte ich einem Freund ein Foto von meinem Sohn und beschrieb einige erste Eindrücke als Vater. Er antwortete schlicht: Alles ist wieder möglich. Es war die perfekte Antwort, denn sie traf genau meine Stimmung. Wir konnten unsere Geschichte neu erzählen und sie besser, bedeutungsvoller und eindringlicher machen. Oder wir konnten andere Geschichten erzählen. Die Welt war voller Möglichkeiten.«

Jonathan Safran Foer: Tiere Essen

von schweren Krankheiten oder ähnlichen Ausnahmesituationen, sondern in einigen Fällen auch bei klitzekleinen, alltäglichen Dingen. Wenn etwa partout keine veganen Lauflernschuhe aufgetrieben werden können, die Sahnetorte auf dem Kindergeburtstag einfach zu verlockend aussieht oder beim Abendessen über das Für und Wider von Haustieren diskutiert wird.

Im Folgenden werden wir, unterstützt durch die Pädagogin Annette Diehl und die Ernährungswissenschaftlerin Edith Gätjen, die Grundlagen unserer Ideen von Erziehung vorstellen und uns auch der Frage widmen, wie man damit umgehen kann, wenn das Kind partout nicht mitmachen will beim veganen Familienleben.

> Ein veganes Leben ist die Entscheidung für einen respektvollen Umgang mit Tieren, Menschen und der Umwelt.

> Eine vegane Erziehung ist darauf angelegt, die uns umgebenden Produktionsverhältnisse wahrzunehmen und Konsequenzen daraus zu ziehen – ohne Druck und Verbote.

> Der Veganismus ist Teil eines umfassenderen Wertesystems, eine Erziehung zum eigenständigen Denken, zum Infragestellen von Autoritäten und den gegebenen Zuständen.

> Veganes Familienleben bedeutet auch, Kompromisse eingehen zu müssen.

Vertrauen und Verantwortung

Annette Diehl im Gespräch über Ernährungspädagogik

In welchen Altersstufen lassen sich Abwehrtendenzen und Individualisierungsprozesse, die Suche nach Grenzen gegenüber den Eltern erkennen, und welche Bedeutung und Funktion haben sie für die Entwicklung?

Für Kinder und Jugendliche ist es eine der wichtigsten Entwicklungsaufgaben, sich ein Wissen über die eigenen Fähigkeiten und Eigenschaften anzueignen. Auf dem Weg zur eigenen Individualität wird sich ein Kind bewusst, wer es selbst ist, es fühlt sich als eigenständige Person, entdeckt individuelle Eigenschaften und Vorlieben und findet heraus, was es alles kann. Wichtige Fragen, die das Kind auf diesem Weg begleiten, werden sein: »Haben mich meine Eltern lieb?«, »Gelingt mir diese oder jene Aufgabe?«, »Kann ich etwas schon alleine?« und auch »Spielen andere gerne mit mir und sind gerne mit mir zusammen?« Kinder, die diese

Annette Diehl ist Sozial- und Gesundheitspädagogin und leitet seit 2014 eine Kinderkrippe in Mainz. Sie organisiert und leitet seit einigen Jahren die interkulturellen Kochkurse »Kartoffeln & Kebab« vom Kinderschutzbund Mainz, in denen Familien aus unterschiedlichen Nationen jenseits von Sprachbarrieren zum Kochen zusammenkommen und sich austauschen. Das Pendant »Kartöffelchen & Kebab« richtet sich an Eltern von Kleinkindern und beinhaltet zusätzliche Ernährungstipps.

Fragen immer wieder positiv für sich beantworten können, gelingt es leichter, sich selbst als fähig, kompetent und wertgeschätzt zu fühlen.

Auf dem Weg der kindlichen Entwicklung wird es immer wieder Zeiten geben, in denen das Kind seine Eltern sehr stark mit der eigenen Individualisierung konfrontiert, so zum Beispiel das erste Mal in der sogenannten Trotzphase, während des zweiten Lebensjahres, und später in der Zeit der Pubertät. Kinder nehmen sich als eigene Person wahr, werden selbständiger, verfolgen selbst gesteckte Ziele und wollen sich selbst behaupten. Dass Eltern, die bisher liebevolle Bezugspersonen waren, Ziele nicht teilen oder gar blockieren, löst Frust aus, was sich in Wut oder Trotz äußern kann. Wichtig ist hier zu verstehen, dass ein Kind seine Eltern mit seinem Verhalten nicht ärgern möchte. Das Kind muss erst lernen, dass es seine Ziele nicht immer auf seinem Weg erreichen kann, dass Wünsche nicht immer sofort erfüllt werden können oder auch Kompromisse eingegangen werden müssen.

Was sind geeignete Strategien zur Konfliktbewältigung in Familien?

In schwierigen Situationen benötigen Kinder viel Aufmerksamkeit und Zuwendung. Eltern sollten versuchen, die Gefühle ihrer Kinder wahrzunehmen und zu verstehen. Auch ihre eigenen Gefühle und Standpunkte können und sollten Eltern ihrem Kind dabei erklären. Bei der gemeinsamen Konfliktlösung hilft es Kindern, wenn Eltern ihnen signalisieren, ich bin da und bereit, dich zu unterstützen. Im wertschätzenden und einfühlsamen Austausch, in dem sich Kinder ernst genommen und verstanden fühlen, in dem das Kind aber auch klare Grenzen der Eltern erkennt und weiß, dass die Eltern auf deren Einhaltung bestehen, gelingt es einfacher, Lösungen oder Alternativen zu finden. Eine große Portion Gelassenheit sowie das Vertrauen in die Fähigkeiten ihrer Kinder kann Eltern entlasten.

Wie kann man Kinder stärken und ihnen Mut machen, ihren eigenen Weg zu gehen?

Kinder übernehmen zunächst Werte, Normen und Ziele ihrer Eltern. Diese geben ihnen Orientierung und einen Rahmen, in dem sie das Bild von sich selbst entwickeln. Im Laufe der Zeit treffen sie im erweiterten Familienkreis, im Freundeskreis der Eltern, im Kindergarten und in der Schule auf Kinder und Erwachsene mit anderen Vorstellungen und Zielen in verschiedenen Lebensbereichen. Diese mit dem bisher Vertrauten abzugleichen, eigene Ziele, später auch Werte und Normen, für sich zu erkennen, zu entwickeln und gegenüber anderen vertreten zu können, gehört zur Klärung der Frage »Wer bin ich und was macht mich als Person einzigartig?« unbedingt dazu.

Eltern können ihr Kind auf diesem Weg unterstützen, indem sie seine Bedürfnisse, Vorlieben und Ansichten ernst nehmen, aber auch ihre eigene Meinung überzeugend vertreten. Geben Sie Ihrem Kind Entscheidungs- und Wahlmöglichkeiten im Alltag (beispielsweise »Was möchtest du heute anziehen?«, »Möchtest du Wasser, Saft oder Tee trinken?«). Ermöglichen Sie Ihrem Kind, eigene Erfahrungen durch Mitgestaltungsmöglichkeiten zu sammeln (zum Beispiel auch bei der Essenszubereitung). Unterstützen und helfen Sie Ihrem Kind, wenn es Hilfe benötigt, ohne es durch überbehütendes Verhalten in der Entwicklung einzuschränken. Trauen Sie ihrem Kind zu, etwas alleine tun zu können und stellen Sie ihm Herausforderungen, die es selbst lösen kann. Setzen Sie als Eltern klare, altersgemäße Grenzen und bestehen Sie auf deren Einhaltung. Planen Sie aktive und schöne Zeit mit Ihrem Kind ein, die Sie beide genießen können und die Möglichkeit zum Gespräch bietet.

Ab welchem Alter kann man mit Kindern die ethischen Hintergründe besprechen, bzw. was sind altersgemäße Strategien, Kindern Realitäten wie den Tod von Tieren für die eigene Ernährung zu vermitteln? Wo muss man vor-

Annette Diehl

sichtig sein, um den Kindern keine Angst einzujagen?

Kinder sind von Geburt an neugierig und wollen die Welt erkunden und verstehen. Im Laufe ihrer Entwicklung werden sie von sich aus mit Fragen auf ihre Eltern zukommen, die berühmten Fragen nach dem »Warum?« Kinder beobachten, dass andere Menschen sich anders verhalten, anders aussehen oder auch andere Dinge essen, und wollen dem auf dem Grund gehen. Jetzt werden Eltern vielleicht auch das erste Mal gefragt, warum es zuhause, anders als zum Beispiel im Kindergarten oder bei Oma, keine Milch, Käse oder Wurst gibt. Ich würde Eltern immer raten, mit der Beantwortung der Frage zu warten, bis sie wirklich von den Kindern gestellt wird. Erklären Sie Ihrem Kind offen und ehrlich, warum Sie sich für eine vegane Ernährung und Lebenshaltung entschieden haben, vermeiden Sie es aber unbedingt, durch zu ausführliche Details zur Tierhaltung und Tiertötung Ihrem Kind Angst zu machen. Kinder begreifen schon sehr früh Beweggründe ihrer Eltern, die ihnen klar, logisch und natürlich erscheinen und können diese dann besser selbst verinnerlichen. Viele Kinder veganer Eltern erklären heute sehr selbstverständlich, warum sie keine Produkte essen möchten, bei deren Herstellung Tiere leiden oder sterben mussten. Im Alltag in Kindergärten oder Schule, werden sie heute weder benachteiligt noch ausgegrenzt, sondern vertreten ihre Essgewohnheiten häufig sehr stolz und selbstbewusst. Viele Eltern wünschen sich, dass ihr Kind diese Einstellung ein Leben lang mit ihnen teilt. Da aber auch das Essverhalten zur eigenen Persönlichkeitsentwicklung dazugehört, wird das Kind auch hier eigene Entscheidungen treffen, Ihnen möglicherweise Kompromisse abverlangen oder sich gegen die vegane Lebensweise entscheiden. Auch hier ist es wichtig, das Kind zu nichts zu zwingen, ihm Freiräume zu

ermöglichen, seine Entscheidungen ernst und wichtig zu nehmen und es bei seinen Erfahrungen zu begleiten und zu unterstützen.

Was kann man als Eltern tun, um die Kinder begeisterungsfähig für eine sehr breite Ernährungspalette zu machen, was im Falle einer veganen Ernährung ja ziemlich wichtig ist, um alle Nährstoffe zu bekommen?

Auch beim Thema Ernährungsvielfalt sind Eltern für Kinder große Vorbilder. Ernährt sich eine Schwangere bzw. Mutter sehr abwechslungsreich, beeinflusst sie dadurch den Geschmack des Fruchtwassers und später der Muttermilch, sodass dem Kind schon früh eine breite Palette an Geschmackserlebnissen geboten wird. Ist es für ein kleines Kind selbstverständlich, dass der Tisch zuhause mit vielen unterschiedlichen Dingen gedeckt ist, wird es eher dazu bereit sein, Neues auszuprobieren. Beteiligen Sie so früh wie möglich die Kinder bei der Zusammenstellung des Familienspeiseplans und bieten Sie ihm Auswahlmöglichkeiten. Es wird immer wieder Phasen geben, in denen Ihr Kind vermeintlich nur dasselbe essen möchte oder das Gemüse, was es immer gerne gegessen hat, partout nicht mehr essen mag. Bieten Sie Ihrem Kind immer wieder verschiedene Möglichkeiten an, die Auswahl wird sich wieder verändern und auch von selbst wieder erweitern. Seien Sie auch hier geduldig und zwingen Sie Ihrem Kind nichts auf, sondern leben Sie ihm vielmehr vor, wie sehr Ihnen selbst die Vielfalt schmeckt und Genuss bereitet.

Auch bei der Zubereitung des Essens und beim Tischdecken können Kinder schon früh beteiligt werden. Einjährige können ihr Brot mit wenig Hilfe schon selbst schmieren, Zweijährige können schon ihre Banane mit einem stumpfen Messer schneiden oder Geschirr zum Tisch bringen. Es den Erwachsenen nachzutun mögen Kinder sehr, hier können sie stolz zeigen, was sie schon alles können. Auch Kinderkochgeschirr regt zur Nachahmung an und fördert den positiven Umgang mit dem Thema Essen und Ernährung. Wichtig ist es aber vor allem, genügend Zeit für mindestens eine gemeinsame Mahlzeit am Tag einzuplanen, zu der alle Familienmitglieder zusammenkommen. Der Esstisch ist immer noch der Platz, an dem man sich Zeit füreinander nimmt, sich austauscht und gemeinsam den Alltag plant. Eine herrliche und wichtige Zeit für Kinder und ihre Familie!

Den Kindern Verantwortung übertragen und Vertrauen vermitteln.

Essen ist Gemeinschaft!

Rituale für gemeinsames Essen einführen.

Die Nahrungsaufnahme zum Ort der Kommunikation, des Austauschs und der Diskussion machen.

Viel Zeit beim gemeinsamen Essen, ohne Medien verbringen. Auf Fernsehen, Tablets, Smartphones und Anrufe während des Essens verzichten.

Kinder so früh wie möglich bei der Zusammenstellung des Familienspeiseplans beteiligen.

»Warum?«
Über Fragen und Antworten

Kinder sind von Natur aus neugierig, sie wollen wissen, warum die Welt so ist, wie sie ist, und sobald sie »Warum?« fragen können, werdet ihr ihrem Wissensdurst nicht mehr aus dem Weg gehen können. Kinder haben immer, in jedem Alter und zu jeder Zeit, gut überlegte und durchdachte Antworten auf ihre Fragen verdient. Dabei bringt jedes Kind andere Voraussetzungen mit, ein anderes Verständnis für die Welt, für deren Realitäten und Zusammenhänge, weswegen es keine pauschalen »Altersfreigaben« für Erklärungen gibt. Ihr solltet als Eltern genau wissen, wie ihr mit eurem Kind reden könnt, ohne es zu überfordern. Wenn du auf eine Frage keine Antwort weißt, kannst du das auch ehrlich zugeben. Dies ist auch eine Chance, gemeinsam mit deinem Kind auf die Suche nach Antworten zu gehen – so zeigst du ihm, dass du es ernst nimmst.

Eine solche gemeinsame Suche nach den Hintergründen, auf tierische Produkte zu verzichten, lässt sich wunderbar auch mit deinem Kind gemeinsam unternehmen. Tastet euch altersgemäß an die Zusammenhänge heran, nutze die Empathie, die Kinder für Tiere empfinden. Dein Kind zu verschrecken, liegt sicher nicht in deinem Interesse, daher vermeide es unbedingt, ihm über zwar effektvolle, aber pädagogisch wenig wertvolle, schockierende Fotos oder Filme die Grausamkeit von Massentierhaltung und Schlachtbetrieben nahe-zubringen. Es gibt viel bessere und schonendere Wege, die eigene Haltung herauszustellen. Positiv zu argumentieren, ist für Kinder immer gesünder. Umweltschutz, die Gesundheit und die Idee, Tieren nicht weh tun zu wollen, reichen für gewöhnlich allemal aus, um die meisten Kinder zu überzeugen. Mit Methoden der schwarzen Pädago-gik, also mit Schuldgefühlen und Ängsten zu arbeiten, verbietet sich. Vorwürfe wie »Wenn du Fleisch isst, bist du verantwortlich für den Tod eines Tieres!« verunsichern und überfordern Kinder und haben höchstwahrscheinlich eine negative Auswirkung auf die psychische Entwicklung. Aber auch ohne Schuldgefühle und Angstmacherei als Teil der eigenen Erziehung zu verstehen, rutschen Eltern im Alltag manchmal Sätze heraus, von denen man nicht ahnt, welche Auswir-kungen sie auf die Psyche der Kinder haben werden. Selbst ein neben-bei geäußertes »Die Milch gehört den Kälbchen!« als Erklärung für den Veganismus kann in Kindern arbeiten und zu Verunsicherungen führen – denn wenn die beste Freundin jeden Morgen in der Schule dem Kälbchen die Milch wegnimmt, hat dies auch einen negativen Effekt auf das Beisammensein. Sucht nach einem Weg, eurem Kind den Veganismus weiterzugeben, ohne ihm dabei zu vermitteln, von Feinden umgeben zu sein.

Wenn dein Kind deinen Ideen nicht nacheifern kann oder will, muss das akzeptiert und ein Weg gefunden werden, damit umzugehen, damit sich jede und jeder anerkannt fühlt. Ernährungserziehung ist kein Ort für Machtkämpfe. Mit dem Bestehen auf Prinzipien, Verboten und Druck erreicht man das Gegenteil dessen, was man anstrebt.

Die wahrscheinlichste Reaktion von Kindern auf den Veganismus ist, ganz selbstverständlich zu übernehmen, was ihnen vorgelebt wird. Bis zu einem gewissen vorpubertären Alter sollte es kaum zu oppositionellem Verhalten in Bezug auf's Essen kommen. Wenn dies doch der Fall ist, stellt sich die Frage nach dem genauen Grund: Wie ist eure Eltern-Kind-Bindung beschaffen? Ist die Ernährung hier wirklich das Kernthema oder eher ein Stellvertreterkonflikt, das dem Kind die Distanz ermöglicht? Je fester und sicherer ein Kind gebunden ist, desto eher wird es dir als Mutter oder Vater nacheifern und dir in den meisten Punkten das Vertrauen entgegenbringen, Entscheidungen nicht grundsätzlich zu hinterfragen.

Die Fragen von Kindern zum Veganismus unterscheiden sich je nach Alter, aber auch dadurch, wie ihr soziales Umfeld mit dem Thema Veganismus umgeht. Manche Kinder wollen womöglich viel über Massentierhaltung und andere Gründe für die vegane Ernährung wissen, um ernstgemeinten Nachfragen selbst besser begegnen zu können. Für andere Kinder ist der eigene Veganismus so selbstverständlich, dass sie eher Hilfestellung für das Unverständnis brauchen, das ihnen angesichts ihrer Ernährung oft begegnet.

»Die Lehrerin sagt, man braucht Fleisch, um groß und stark zu werden.« – »Wir wollen auch, dass du groß und stark wirst, deswegen kochen wir so gesund es geht und essen viel frisches Obst und Gemüse. Vergiss nicht: Auch die größten Dinosaurier waren Pflanzenfresser!«

Es gibt keine falschen Fragen eurer Kinder, aber nicht auf alle Fragen gibt es eine eindeutige Antwort. Die angemessenen Antworten für dein Kind musst du selbst finden, nur du kannst einschätzen, was es versteht und wie man ihm im Gespräch am besten begegnet. Es sollten immer Respekt und Verständnis im Mittelpunkt stehen und keinesfalls Vorwürfe oder Zurückweisung, wenn dein Kind irgendwann auch die vegane Ernährung zu hinterfragen beginnen sollte. Denn spätestens wenn Kinder in die Schule kommen, beginnt eine Zeit, in der andere Einflüsse wichtiger werden, die FreundInnen und das soziale Umfeld, und die Suche nach der eigenen Identität eine immer zentralere Rolle spielt. Kinder brauchen die Möglichkeit, mit den eigenen Bedürfnissen umgehen zu lernen, und dazu gehört nun einmal, Unbekanntes auszuprobieren, Neues zu entdecken, auch im Bereich des Essens. Wenn dein Kind die Möglichkeit bekommt, auch beim Essen zu experimentieren, wird es selbstsicherer in dem, was es will oder nicht will. Es lernt, wie sich unterschiedliches Essen auf den Körper auswirkt – auch keine unwichtige Erfahrung. Zentral bleibt für die Eltern in jedem Fall wieder die Kommunikation, die Konsequenz im Vorleben der eigenen Vorstellungen und die Offenheit, sich die Sicht der Kinder anzuhören.

Selbst der tolerantesten Oma rutscht möglicherweise einmal die Bemerkung heraus, dass man Fleisch im Wachstum brauche, um groß und stark zu werden. Groß und stark wollen alle Kinder werden, daher trifft sie eine solche Aussage an einem empfindlichen Punkt. Dem eigenen Kind klar zu machen, dass man auch will, dass es groß und stark wird, und das mit gesundem Essen fördert, dürfte hoffentlich nicht allzu schwer fallen. Viel wichtiger aber ist es, herauszufinden, wie das Kind mit Aussagen wie die der Oma umgeht, ob es davon verängstigt, eingeschüchtert ist, ob es dem am liebsten etwas entgegnen möchte oder lieber stillschweigend darüber hinweggehen. Gemeinsam mit dem Kind Strategien für solche Situationen zu erarbeiten, ist vermutlich genauso wichtig, wenn nicht sogar wichtiger, als konkrete Erwiderungen auf solche Aussagen zu finden. Gib deinem Kind das Gefühl, dass du es jederzeit auffängst, wenn es verunsichert ist.

Konkrete Fragen altersgerecht zu beantworten ist keine leichte Aufgabe. Schon »Warum trinken wir keine Milch?« kann einen ins Straucheln bringen. Einem Dreijährigen die Realitäten von Massentierhaltung zu referieren, oder eine Sechsjährige detailliert über die damit verbundenen Folgen für die Umwelt aufklären? Das wird nicht funktionieren. Lasst die Kinder mit euren Antworten wachsen, passt sie an das Alter an und formuliert eher positiv, was ihr tut, statt zu sagen, warum ihr etwas nicht tut. »Wir trinken keine Milch, weil wir Tiere mögen und die Umwelt schützen.« – »Wir trinken keine Milch, weil es genug andere leckere Sachen gibt.« – »Wir trinken keine Milch, weil sie bei uns Sojamilch heißt.«

> Antworten auf Fragen positiv formulieren.

> Nicht mit Ängsten und Druck erziehen.

> Gemeinsam mit dem Kind nach Antworten suchen.

»Ich will Käse!«

Kinder haben einen eigenen Kopf

Wenn euer Kind sich aus freien Stücken gegen eine vegane Ernäh-rung entscheidet, so müsst ihr diese Entscheidung akzeptieren, Zwang und Druck wird es nicht dazu bringen, seine Entscheidung rückgängig zu machen. Toleranz sollte Teil eures Erziehungsmodells sein, und gerade eure Kinder haben Toleranz verdient.

Das heißt nicht, dass ihr nun zuhause wieder Käse oder gar Wurst auffahren müsst – im Gegenteil: Gerade jetzt ist es umso wichtiger, an eurem Lebensstil ganz selbstverständlich festzuhalten, konsequent euer veganes Leben weiterzuführen, authentisch zu bleiben, aber dem Kind die Freiheit zu lassen, anderswo eigene Entscheidungen treffen zu können. Bleibt ihr selbst und zeigt eurem Kind dadurch, dass für euch wichtig ist, Entscheidungen zu treffen und an ihnen festzuhalten. Wie weit eure Toleranz dabei geht, müsst ihr mit euch selbst ausmachen. Auch wir sind uns da nicht einig: Während die eine Hälfte Milchprodukte oder gar Fleisch im Haus tolerieren würde – etwa wenn ein Kind mit Freunden beim Video-Abend zuhause Pizza bestellt –, ist die andere Hälfte unseres Haushaltes in diesem Punkt strikter. Wie auch immer ihr die Regeln im eigenen Haushalt definiert: Begründet sie für euer Kind nachvollziehbar und lasst ihm gleichzeitig die Freiheit, sich außerhalb der eigenen vier Wände frei zu entscheiden, wie es leben will – außerhalb eurer Aufmerksamkeit wird es tun, was es selbst für richtig hält, und besser und gesünder ist es, dies offen und ohne Heimlichkeiten leben zu können.

Sicher sein könnt ihr euch: Allein durch eure Vorbildfunktion und die Selbstverständlichkeit, mit der Veganismus bei euch gelebt wird, entwickelt euer Kind eine Sensibilität für das Thema und wird

Hilfreich kann es sein, Kinder mit einzubeziehen und als Familie gemeinsam, wenn das Kind alt genug ist, ein veganes »Familienmanifest« zu verfassen, in dem festgehalten wird, warum man vegan lebt, was dies neben Ernährungsfragen umfasst und was die Ausnahmen sind. Wie man etwa mit dem Leben außerhalb der eigenen vier Wände verfährt. Nicht um Grenzen zu ziehen oder verbindliche Regeln festzulegen, deren Übertretung Konsequenzen in Form von Strafen nach sich ziehen, sondern vielmehr, um die Kinder am Prozess, der Veganismus eben auch ist, teilhaben zu lassen.

sein Leben lang den Konsum von Fleisch und anderen tierischen Produkten nicht selbstverständlich finden. Damit ist schon viel gewonnen, mehr als die meisten jemals als Input mit auf den Weg bekommen haben. Und ihr seid ohne dieses Vorleben heute VeganerInnen! Für euer Kind stehen also noch alle Türen offen, selbst wenn es mal nicht so will, wie ihr es gerne hättet.

> Auch wenn sich das Kind gegen den Veganismus entscheidet, Respekt dafür aufbringen.

> Authentisch und konsequent in den eigenen Werten bleiben.

> Sensibel für die Verunsicherungen des Kindes sein.

Kinder brauchen Vorleber und weniger Vorbilder

Im Gespräch mit Edith Gätjen

Eine große Rolle spielt in der Entwicklung von Kindern die Vorbildfunktion der Eltern, auch bei der Ernährung. Worauf sollten die Eltern dabei besonders achten?

Die Vorbildfunktion der Eltern beginnt, was das Essen angeht, mit der ersten Beikost, wenn nicht sogar eigentlich schon in der Schwangerschaft. Schon da kann man das Geschmacksgedächtnis mitsteuern, indem regelmäßig, ausgewogen und vielfältig gegessen wird. Man hat also schon eine Vorbildfunktion, wenn man das noch gar nicht ahnt. Aber ich spreche eigentlich ungern von einer Vorbildfunktion, das ist so ein statisches Bild. Vorbild kann jeder mal für eine Stunde sein, das bekommen alle Eltern ganz gut hin. Aber das ist nicht das, was die Kinder brauchen, was sie brauchen ist ein »Vorleben«. Das Vorleben umfasst das ganze Leben, 24 Stunden am Tag und nicht nur mal eben für ein Stündchen. Vorleben heißt,

stimmig zu vermitteln, was man sich wirklich von seinen Kindern wünscht und dieses Verhalten auch selbst an den Tag zu legen.

Ein veganes Leben ist ja mehr als nur Ernährung, da steckt eine Haltung dahinter. Aber selbst wenn man nur beim Essen bleiben würde, ist Vorleben etwas anderes als Vorbild. Vorbild kann ich kurzfristig sein, weil ich weiß: Das ist so wahnsinnig wichtig, ich muss Vorbild für mein Kind sein. Aber wirklich verinnerlicht ist diese Haltung dann noch nicht, und daran scheitern ganz viele Erziehungskonzepte. Daran, dass Eltern sich was angelesen haben und wissen: Das ist gut und da muss ich als Vorbild rangehen, sie es aber nicht wirklich leben. Kinder spüren sehr genau, ob die wunderbare Gemüsepfanne richtig genossen wird, ob die Eltern mit ihren ganzen Sinnen dabei sind, oder ob sie die nur essen, weil sie gesund ist und weil Kinder Gemüsepfannen essen sollen. Darin liegt für mich der Unterschied zwischen Vorbild und Vorleben.

Eltern haben schnell das Gefühl, gescheitert zu sein, wenn die Kinder beim Essen nicht so »funktionieren«, wie man es sich erhofft hat. Was würden Sie den Eltern mit auf den Weg geben?

Man muss sich darüber im Klaren sein, dass Kinder eigenständige Menschen sind und wir ihnen lediglich etwas anbieten können. Was sie dann daraus machen, ist ihre eigene Sache. Aber je großzügiger wir mit dem Angebot und mit der Idee sind, dass die Kinder etwas Eigenes daraus machen dürfen, umso besser wird es funktionieren. Je weniger Freiraum die Kinder haben, umso mehr wächst in ihnen der Drang auszubrechen, es anders machen zu wollen, und dann wird das Ganze zu einem Beziehungsthema.

Die Handlungen und Angebote der Eltern müssen auch wirklich aus ihnen heraus kommen, müssen von Herzen kommen, und sollten nichts sein, was sie sich rein kognitiv auferlegt haben. Dafür sind Kinder wunderbare Barometer. Dadurch, dass ihr Gedächtnis – das Geschmacksgedächtnis zum Beispiel – noch im Aufbau ist, sind sie sehr sinnesgeschult, erfahren ihre Welt über die Sinne und können

Edith Gätjen ist Oecotrophologin und Buchautorin, Systemische Familientherapeutin und Supervisorin, sie bildet Hebammen, Krankenschwestern und Eltern im Bereich Ernährung in Schwangerschaft und Stillzeit sowie in den Bereichen Beikost und Kinderernährung aus.

deswegen bei Erwachsenen gut die Emotionen, die zwischen den verbalen Aussagen stecken, spüren, aufnehmen und dann auch wiedergeben. Sie haben eine andere Art, die Welt wahrzunehmen, mit ausgeschaltetem Kopf.

Wie kann man negative Prägungen des Geschmacksgedächtnisses beim Kind positiv in andere Richtungen zu lenken? Gerade bei vegan ernährten Kindern kann das, wenn sie gegen bestimmte, für die vegane Ernährung aber wesentliche

Nahrungsmittel eine Abneigung entwickelt haben, wichtig sein.
Das ist unterschiedlich. Wenn die Kinder zum Beispiel die Erfahrung gemacht haben, dass sie sich nach dem Essen eines bestimmten Lebensmittels direkt übergeben mussten, also eine richtig heftige körperliche Reaktion vorlag, dann kann man nur abwarten. Da hat die Natur einen Schutzmechanismus eingerichtet, indem man dieses Lebensmittel nicht mehr isst, weil es einem nicht gut getan hat. Ähnlich verhält es sich mit Lebensmitteln, auf die man womöglich allergisch reagiert. Die werden von Kindern sehr intuitiv abgelehnt, ohne dass man weiß, dass sie darauf allergisch reagieren. Es gibt Kinder, die im zweiten Lebenshalbjahr den Milchbrei vehement ablehnen, und wenn dann die Eltern immer wieder versuchen, ihnen den Brei in den Mund zu drücken, spucken die Kinder irgendwann wahnsinnig. Oft stellt dann später ein Arzt fest, dass diese Kinder allergisch auf Milch reagieren.

Also sollte man viel mehr auf die Intuition des Kindes hören?
Definitiv. Es gibt natürlich auch Lebensmittel, die dem Kind einfach nicht schmecken. In diesem Fall ist es wichtig, es immer und immer wieder anzubieten, am besten mit vertrauten und geliebten Komponenten. Sind es zum Beispiel die Bohnen, dann kann man sie zusammen mit den geliebten Bratkartoffeln anbieten oder dem Kartoffelpüree. Wenn Kinder wissen, beim Mittagessen ist eine andere Komponente dabei, die sie sehr gerne mögen, werden sie viel mutiger. Wenn das Kind weiß, dass es auf jeden Fall satt wird, entsteht daraus schon mal der Mut, etwas Neues auszuprobieren. Solche vertrauten, Mut machenden Komponenten anzureichen ist die eine Möglichkeit, eine weitere ist es, das Lebensmittel mal in einen anderen Kontext zu setzen. Die Bohnen nicht nur gekocht mit ein bisschen Zwiebel und Bohnenkraut zu servieren, sondern vielleicht zusammen mit Petersilie, Nudeln und Zitronensaft; oder als Auflauf oder Salat. So bekommen die Bohnen ein neues Kleid, und vielleicht überredet das Kleid das Kind, es doch nochmal zu probieren.

Dabei sollten Kinder aber auf keinen Fall gezwungen oder gedrängelt werden, etwas in den Mund zu stecken, was sie nicht in den Mund stecken wollen. Das ist übergriffig. Wir können animieren, aber jedes Kind darf ablehnen. Da appelliere ich auch an uns Erwachsene: Wir wollen auch nichts in den Mund stecken müssen, was wir nicht in den Mund stecken wollen. Ich habe zum Beispiel einige Lebensmittel in meinem Leben noch nie gegessen und weiß zu 100 Prozent, dass ich die nicht essen will. Und da will ich mir auch nicht reinreden lassen oder anhören, dass es dann schöneres Wetter gibt, oder dass ich heute Abend vorgelesen bekomme oder dass wir Schwimmen gehen.

Solche Verknüpfungen von Essen mit Strafen und Belohnungen sind auch ein schwieriges Feld ...
Ja, da werden Dinge miteinander verknüpft, die überhaupt nichts miteinander zu tun haben. Wir animieren zum probieren, müssen aber immer auch die Ablehnung akzeptieren. Daher kann eigentlich dieser Widerwille auf ein Lebensmittel gar nicht erst entstehen, weil die Kinder selbst entscheiden, ob sie etwas in den Mund nehmen oder nicht. Trotzdem kann es natürlich sein, dass sie sich zum Probieren entschieden haben und feststellen: Wie gruselig schmeckt das denn? Dann geht es darum, gerade wenn es ein für die vegane Ernährung wichtiges Produkt ist, es immer mal wieder anders anzubieten. Wir wissen, dass Kinder bis zu 15 Kontakte brauchen, um sich für ein Lebensmittel zu entscheiden, nicht nur Geschmackskontakte, sondern auch Hörkontakte,

Sichtkontakte, Fühlkontakte und Riechkontakte. Es geht um die ganz einfachen Grundvoraussetzungen für das Lernen: Lernen sollte in emotional positiver Atmosphäre stattfinden, Lernen funktioniert durch Wiederholung, und Lernen findet mit allen Sinnen statt. Vergleichbar der Eingewöhnung im Kindergarten. Da sagt man auch nicht: Guten Morgen, hier ist mein Kind, ich hole es heute Abend wieder ab. Stattdessen macht man eine Einführung mit positiven Kontakten, wir Wiederholen, und lassen das Kind mit allen Sinnen die Situation langsam erfahren. Nur beim Essen ist der Mensch ziemlich bescheuert. Immer noch herrscht bei vielen die Meinung vor, Kinder hätten zu essen, was man ihnen vorsetzt. So nehmen wir den Kindern die Möglichkeit des Lernens beim Essen. Die meisten gehen davon aus: Am Anfang bekommt das Kind Milch, dann Beikost und mit einem Jahr setzt es sich hin und isst gefälligst, was auf den Tisch kommt. Das ist vermessen.

Gibt es neben negativen auch positive Geschmacksprägungen? Weiß der Kinderkörper zum Beispiel intuitiv, was er gerade »braucht«?
Kinder haben diese Fähigkeit, wenn sie nicht geschmacklich verdorben

werden. Wenn sie zum Beispiel von Anfang an Flaschenmilch bekommen, danach Gläschenkost, also ein vom Geschmack und von der Konsistenz standardisiertes Essen, dann verlieren sie mehr und mehr die Intuition, was sie eigentlich essen wollen und sollen. Die bleibt nur bestehen, wenn wir sie wirklich bei natürlichen Lebensmitteln belassen, mit diesen Fertiglebensmitteln werden unsere Sinne komplett entfremdet. Man darf aber nicht vergessen, dass diese biologischen Programme, die Intuition beim Essen, nur ein Aspekt sind, denn Essen ist immer auch ein Entwicklungsthema, ein Thema, das mit der Beziehung der Eltern und der Entwicklung des Kindes zu tun hat. Über Essen können sich Kinder auch gegenüber den Eltern abgrenzen und die eigene Autonomie einüben.

Kinder haben im Alter zwischen zwei und sechs drei Möglichkeiten, ihre Autonomie gegenüber den Eltern unter Beweis zu stellen, beim Schlafen, in der Sauberkeit und beim Essen. In diesen drei Bereichen haben Eltern keine Handhabe. Ein Kind, das leidenschaftlich gerne isst, macht diesen Prozess nicht beim Essen durch, sondern schläft vielleicht Nachts nicht oder macht weiterhin in die Hose. Aber ein Kind, das nicht so leidenschaftlich

isst und das vielleicht auch spürt, dass dieses Thema den Eltern besonders wichtig ist, macht es beim Essen. Die Kinder versuchen, ihren Eltern zu zeigen, dass sie der Bestimmer sind. Das kommt dann später nochmal in der Pubertät, manchmal signalisieren sie es auch dann über das Essen, oder sie schneiden sich die Haare irgendwie blöd, oder sie fangen an zu Rauchen ...

Was sind die zentralen Punkte, auf die vegane Eltern achten müssen?
Der Veganismus sollte nicht zu sehr zum Thema werden. Je stärker Kinder das Gefühl haben, es ist das allerwichtigste Thema in der Familie, dass es nur um dieses vegane Essen geht, umso eher kommt der Drang auf, mal dagegen zu sein. Im Idealfall wählt die Familie gemeinsam bewusst die Lebensmittel aus, geht gemeinsam einkaufen, kocht zusammen und deckt gemeinsam den Tisch, und beim Essen hat sie auch noch ganz viele andere Gesprächsthemen.

Wichtig wäre mir auch der Ratschlag, dass es keine Verbote geben sollte. Kürzlich hatte ich eine junge Frau, 38, in der Therapie. Ihre Eltern waren vegetarisch und sind dann vegan geworden als sie selbst zehn war – ziemliche Vorreiter, immerhin 28 Jahre her. Wenn sie bei einer

Freundin gewesen ist, dann hat die Mutter hinterher immer an ihrem Mund gerochen, ob sie Käse gegessen hat ... Man kann auch beim Essen nur Angebote machen, damit Kinder sich irgendwann selbst dafür entscheiden können, wie sie sich ernähren wollen. Natürlich vermittelt man Werte und prägt jede Menge Dinge, aber manches muss man vielleicht auch etwas offenhalten. Unsere Kinder hatten bei uns eine vollwertige, vegetarische und vegane Ernährung, aber ich hätte niemals etwas dagegen gehabt, wenn sie woanders etwas anderes essen. Denn das eine ist meine Entscheidung und unsere Kinder müssen sich auch erst mal eine eigene Meinung bilden. Auch die meisten veganen Eltern sind vorher einen anderen, aber ihren eigenen Weg gegangen.

Wenn es einem gelingt, Sensibilität für das Thema bei den Kindern zu entwickeln, dann ist schon ganz viel getan. Es geht mir nicht darum, jemanden zu überzeugen, zu überreden, sondern darum, Menschen für das Thema sensibel zu machen.

Eine vegane Ernährung von Kindern ist unproblematisch und gesund, wenn das Kind wirklich mitmacht und Lust hat, dieses Essen zu essen. Man sollte es, wie bereits gesagt, aber nicht allzu sehr zum Thema machen, sondern es vorleben. Keins unserer Kinder hat mich jemals gefragt, warum es bei uns Vollkornbrot gibt oder morgens zum Frühstück Müsli und Obst und täglich Salat oder Rohkost. Wir haben das ganz selbstverständlich angeboten und es wurde genauso selbstverständlich und mit großer Freude gegessen. Nicht zu viel reden, sondern handeln. Die Kinder werden schon meckern, wenn etwas nicht richtig ist, die machen den Mund schon auf. Ansonsten sind Kinder eigentlich ganz gut mit dabei, wenn man es einfach nur macht.

Vegane Ernährung selbstverständlich leben.

Nicht dogmatisch, sondern im Alltag pragmatisch mit »nicht-veganen« Situationen umgehen.

Kinder entdecken und selbst entscheiden lassen.

Angebote machen, statt Verbote erteilen!

Meine Suppe ess' ich nicht!

Picky Eaters

Der Kampf am Esstisch: ein Problem, das viele Eltern kennen. Die meisten Kinder sind beim Essen wählerisch, mögen dies nicht und das nicht, verschmähen das Gemüse oder wollen jeden Tag das Gleiche essen. Und so probiert man immer wieder neues, versucht den Geschmack der Kinder zu erkunden und zu treffen, der sich aber täglich wieder ändern kann. Solche Kämpfe sind ganz normal, finden in allen Familien statt und sind natürlicher Teil des Selbständigwerdens der Kinder. Trotz dieses Bewusstseins ist es oftmals zum verzweifeln …

Während fast alle Familien mit den Essgewohnheiten der Kinder zu kämpfen haben – die einen wollen jeden Tag Pommes, die anderen essen kein Gemüse oder nur Nudeln – ist bei vegan lebenden Eltern die Angst, dass die Kinder nicht ausreichend mit allen notwendigen Nährstoffen versorgt sein könnten, viel ausgeprägter. Dabei sind VeganerInnen klar im Vorteil: Die Beschäftigung mit Nährstoffen und ausgewogener, gesunder Ernährung ist hier viel selbstverständlicher als in anderen Familien. Man ist über die Jahre zum/zur ErnährungsexpertIn geworden und kann das eigene Wissen nun auf die Kinder übertragen.

Sind die Kinder allzu wählerisch, muss man flexibel und vor allem erfinderisch und phantasievoll bleiben. Aus Gemüse kann man Saucen, Suppen oder Brotaufstriche machen, es panieren oder als Rohkost mit einem Dip servieren. Generell gilt: immer wieder Neues anbieten (und auch einmal Abgelehntes immer wieder mal – der Geschmack wie auch die Laune ändern sich stetig). Mögen Kinder keinen Wirsing, essen sie vielleicht Blumenkohl, und wenn sie gestern einen Würgreiz vom Spinat bekamen, wird er übermorgen vielleicht trotzdem zur neuen Leibspeise. Viele Gemüse lassen sich auch püriert in Saucen oder Suppen »verstecken«, oder man verarbeitet das Gemüse zusammen mit Obst direkt zu grünen Smoothies, die ohnehin von ExpertInnen als besonders gesund und nahrhaft empfohlen werden.

Weil Kinder einen kleineren Magen haben, macht es Sinn, ihnen zwischendurch immer mal wieder Snacks anzubieten, die bei den Hauptmahlzeiten Ausgelassenes kompensieren, Nüsse etwa, Obstspieße oder mit Trockenfrüchten gespickte Energiebällchen.

Auf pädagogischer Ebene gilt auch hier: Vorleben ist das Entscheidende. Denn auch und gerade beim Essen ist man Vorbild, dem die

Roh, vegan und lecker: Energiebällchen

Für die Herstellung von Energiebällchen möchte ich nur folgenden Rat geben: Ausprobieren und selbst experimentieren, am besten mit den Kleinen zusammen, ist hier das schönste Rezept!

Klein gemixte und getrocknete Datteln, Feigen, Rosinen oder andere Trockenfrüchte können die süße Basis dieser famosen Snacks bieten. Auch frisch geraspeltes Obst, etwa Apfel oder Banane, kommt als Basis in Betracht. Hinzu kommen, je nach Konsistenz, mehr oder weniger
geschmacksintensive Zusätze. Das können Kokosflocken oder Kokosmilch sein, auch Haferflocken, Mandeln und jede Art von Nüssen eignen sich da bestens. Ziel ist es, aus den Zutaten einen klebrigen Teig herzustellen, der sich letztlich gut mit den Händen formen lässt. Ganz nach Geschmack werden nun Lieblingsgewürze in den Rohteig geknetet. Dieser wird schlussendlich zu golfballgroßen Kugeln geformt und in gemahlenen Mandeln, Nüssen, Kakaopulver oder Puderzucker gewendet. Für Erwachsene kommen auch Inhaltsstoffe wie Alkohol, Mohn oder Kaffeepulver in Frage.

Kinder nacheifern. Wenn man selbst experimentierfreudig bleibt, färbt das auch auf die Kinder ab. Darüber hinaus muss man im Alltag erproben, wie man Kinder zu besseren Essern macht. Sie möglichst viel – und so früh wie möglich – mit einzubinden, ist immer eine gute Herangehensweise. Zusammen mit den Kindern die Mahlzeiten zu planen, kann ein Weg sein, oder das gemeinsame Wälzen von Kochbüchern, einkaufen, auf dem Markt Neues entdecken: Es gibt viele Möglichkeiten, Kinder mit einzubinden.

Wenn sie älter werden, können sie auch selbst kochen, was ihnen schmeckt. So viel Verantwortung wie möglich sollte man in die Hand der Kinder legen, um zu vermeiden, dass sie sich bevormundet fühlen. Vielleicht hilft es ab einem gewissen Alter auch, Rezepten coole Namen zu geben oder die Mahlzeiten kindgerecht anzurichten: als Zucchini-Grünkern-PiratInnenschiffe oder vegane Zombie-Burger. Wenn man einen Garten besitzt, kann auch hier das Kind mit einbezogen werden und ein eigenes Beet anlegen, dessen Ernte es dann, selbst zubereitet, sicherlich gerne essen wird.

Nutzen alle Tricks und Kniffe nichts, sollte man in jedem Fall mit dem/der KinderärztIn Rücksprache halten, um Mangelernährung vorzubeugen.

> Phantasievoll sein.

> Gemüse in Form von Saucen, Suppen, Brotaufstrich verarbeiten.

> Grüne Smoothies zubereiten.

> Kinder in die Essenszubereitung mit einbinden.

> Immer wieder Neues und Altes immer wieder anbieten.

Empfehlenswerte Bilder- und Kinderbücher

Peggy Rathman: Gute Nacht, Gorilla.
Moritz 2006.
Ein Gorilla befreit die anderen Tiere
aus ihren Zookäfigen und gemeinsam
nehmen sie sich die Freiheit, den
Zoowärter zuhause zu besuchen ...

Peter Hacks/Walter Schmögner:
Der Bär auf dem Försterball.
Annette Betz 2005.
Ein Bär stiftet Unruhe auf
einem Försterball, wird für
den Oberförster gehalten
und wiegelt die Anwesenden
gegeneinander auf.

Eric Carle/Bill Martin Jr.:
Kleiner Bär, kleiner Bär, was siehst du da?
Gerstenberg 2007.
Ein kleiner Braunbär entdeckt gemeinsam
mit seiner Mutter die aufregende Tierwelt,
die sie umgibt, und die Schönheit der Natur.

Jörg Steiner/Jörg Müller: Der Aufstand der Tiere oder Die neuen
Stadtmusikanten. *Sauerländer 1995.*
Vier Tiere beschließen ihr Dasein als Werbelogo hinter sich zu lassen
und als Musiker eine neue Freiheit zu erleben. Gemeinsam ziehen sie
los, doch der Kapitalismus holt sie ganz schnell wieder ein ...

Erich Kästner:
Die Konferenz der Tiere.
Dressler 2011.
Klassiker von 1974: Nachdem die
Menschen auf einer Konferenz
mal wieder keine globale Lösung
für ihre Probleme wie Krieg,
Hungersnöte und die Umwelt-
zerstörung gefunden haben,
beschließen die Tiere, eine eigene
Konferenz einzuberufen, auf
der, unter Hilfe von Kindern, der
Weltfrieden erreicht werden soll.

Jörg Steiner/Jörg Müller:
Die Kanincheninsel.
Sauerländer 1990.
Ein kleiner und ein großer Hase
brechen aus der Massentierhaltung
in die Freiheit aus. Dort ist das
Leben zwar freier, aber auch nicht
unbeschwert. Ein melancholisches
Buch über Mut und Freundschaft aus
der Perspektive zweier Kaninchen.

Familienalltag

Kommunikation statt Konflikt

Großeltern & Co.

Als ich mit dreizehn Jahren meinen Eltern von meiner Entschei-
dung erzählt habe, von nun an vegetarisch zu leben, reagierten sie
so, wie viele es sich wünschen würden: Sie haben niemals Kritik
geübt, keine Witze gerissen oder versucht, mir Fleisch unterzujubeln.
Im Gegenteil: Sie waren stolz, dass ich meinen eigenen Weg gehe und
eigene Entscheidungen treffe, obwohl sie den Fleischkonsum ihr Leben
lang ganz selbstverständlich verinnerlicht hatten. Von nun an gab es
immer öfter vegetarisches Essen für alle.

Vor diesem Hintergrund war klar, dass meine Eltern uns nicht
in die Ernährung von Lior hereinreden würden, uns ist aber durchaus bewusst, dass wir damit eine Ausnahme darstellen. Denn die
eigene Familie ist fast immer ein schwieriges Feld. Selbst wenn sie
den Vegetarismus oder Veganismus ihrer eigenen Kinder akzeptiert
haben, ändert sich mit Enkelkindern häufig die Sicht der frischen
Großeltern, und kritische Nachfragen sind vorprogrammiert: »Aber

euer Kind ernährt ihr doch wohl nicht vegan?« Und sollte der eigene, seit Jahren konsequent gelebte Veganismus oder Vegetarismus immer noch ein permanentes Thema bei Familienfesten und -treffen sein, wird es wohl noch schwieriger werden. Eltern, Großeltern, Onkel und Tanten fühlen sich aufgrund des Vorsprungs an Lebenserfahrung mit ihren Meinungen und Befürchtungen im Recht und sind daher häufig der Ansicht, auf »Fehler« in der Kindererziehung hinweisen zu können. Das kennt jeder Mensch mit Kindern, egal ob vegan, vegetarisch oder Omas Wurstbrot essend: Irgendetwas machen die jungen Eltern immer falsch – »falsch« meint meistens nicht mehr als »anders« –, und schnell werden eigene Entscheidungen, die von der Erziehung der Eltern abweichen, als Affront betrachtet, gerade, was den Bereich des Essens betrifft. Denn das gemeinsame Essen spielt als Zeit des Zusammenkommens und der Kommunikation eine zentrale Rolle in den Familienkonstellationen. Wichtig zur Vorbeugung von Konflikten ist einmal mehr das Zuhören und zwischen den Zeilen Lesen. Denn welche Bedeutung hat das Fleischessen für die Verwandtschaft? Gerade an Feiertagen ist das Auftischen von Fleisch historisch und heute immer noch für viele VertreterInnen der älteren Generation mit Wohlstand verbunden, und das Fehlen von Fleisch eben mit Armut. Wenn wir von unseren Verwandten Respekt für unseren Verzicht auf Fleisch erwarten, müssen wir uns wohl oder übel auch mit den Hintergründen ihres Fleischkonsums beschäftigen.

Buchtipp zu den Hintergründen des Fleischkonsums:
Nan Mellinger: Fleisch. Ursprung und Wandel einer Lust.
Frankfurt/Main: Campus 2003.

Patentrezepte gegen ein konfliktbeladenes Miteinander gibt es keine, man kann nur nach individuellen Lösungen suchen. Ist der Veganismus eines von vielen politischen oder weltanschaulichen Themen, über die in der Familie regelmäßig gestritten wird, muss man einen anderen Umgang finden, als im Falle, dass Streit nur an der Ernährung entbrennt. Ist ersteres der Fall, geht es vermutlich nur zweitrangig um den Veganismus selbst, der Konflikt ist vielmehr Ausdruck eines grundsätzlich gestörten Eltern-Kind-Verhältnisses, das von wenig Respekt, Toleranz und Offenheit geprägt ist. Diese Aspekte sind jedoch die Grundlage für die Möglichkeit, auch im Falle unterschiedlicher Meinungen und Auffassungen zu einer für alle tragbaren Lösung zu finden.

Wenn eine Kommunikation schwierig ist, solltet ihr dennoch von Anfang an Grenzen klar definieren und die eigenen Entscheidungen der Erziehung nicht hinterfragen lassen. Also kein »verbotenes Essen«, das die Kinder hinter eurem Rücken von Großeltern oder anderen Verwandten bekommen, keine Diskussionen um Sinn und Unsinn von Veganismus in Anwesenheit der Kinder. Diese dürfen auf keinen Fall das Gefühl bekommen, Auslöser eines Konflikts oder Streits zu sein. Gleichzeitig solltet ihr aber auch signalisieren, die Ängste – denn es sind ja reale Ängste um die Gesundheit des Enkels – eurer Eltern und anderer Verwandter ernstzunehmen. Viele tragen die Mythen und Stereotype über veganes Essen mit sich herum, daher bietet man am besten, zumindest wenn die Eltern dafür zugänglich sind, Informationen über Veganismus an, bringt der Familie die Grundsätze veganer Ernährung und bei Interesse auch ein paar Rezepte nahe. Auch wenn sie die Entscheidung nicht in Gänze verstehen, sollte die Familie sie doch zu respektieren lernen, um Konflikte in der Zukunft zu vermeiden. Denn auch hier geht es ja um Vertrauen, wenn die Kinder etwa mal ein Wochenende oder die Ferien bei den Großeltern verbringen.

Gerade Familienfeste bergen in ihrer Fokussierung auf Essen natürlich ein enormes Konfliktpotential. Am besten führt man die notwendige Diskussionen über das Essen schon weit im Vorfeld, damit die Feste möglicht frei von Anspannungen und Konflikten ablaufen können. So könnt ihr zum Beispiel selbst ein fleischfreies Familienfest gestalten, und wenn das nicht durchzusetzen ist, für euch selbst und eure Kinder, aber auch für alle anderen zum probieren, genug veganes Essen mitnehmen. Eine andere Möglichkeit ist der gemeinsame Familienbesuch in einem Restaurant, das auch veganes Essen anbietet. Und zur allergrößten Not stoßt ihr eben erst nach dem Essen zum Fest. Dies alles sind keine idealen Vorschläge, jedoch immer noch besser als während des Essens wieder und wieder die gleichen Konflikte auszutragen. Du selbst bist diese Konflikte vermutlich gewöhnt und kannst sie innerlich relativ problemlos abhaken und schnell vergessen, deine Kinder kommen mit solchen Formen der Ablehnung und des Streits jedoch nicht so einfach zurecht.

Die Besuche bei den Großeltern, die Ferien, die man als Kind dort verbringt, sind immer etwas Besonderes, woran sich auch viele Erwachsene gerne zurückerinnern. Diese schöne und auch wichtige Zeit für eure Kinder sollte nicht von Konflikten getrübt sein. Wenn sich kein Kompromiss mit euren Eltern finden lässt, sie sich nicht auf das vegane Experiment einlassen wollen, eure Kinder aber an ihnen hängen, wie fast alle Kinder an ihren Großeltern, müsst ihr vielleicht in den sauren Apfel beißen und diese Ausnahme vom Alltag zulassen. Es dreht sich im Leben nicht alles um Ernährung, und was Großeltern ihren Enkeln an Aufmerksamkeit und Liebe mitgeben können, wiegt diesen Kompromiss längerfristig mit Sicherheit auf. Wichtig für die Prägung eurer Kinder bleibt, was ihr ihnen vorlebt, und dazu gehört, neben einem konsequenten Leben eurer Ideale in eurem Zuhause, auch die Vermittlung von Respekt und Toleranz – gerade gegenüber denen, die euch nahestehen.

> Mit Fakten überzeugen. Die Standardeinwände gegen die vegane Kinderernährung sind bekannt und lassen sich leicht widerlegen.

> Fachwissen aneignen und dieses bei kritischen Nachfragen in sachlichem Ton einsetzen.

> Selbstbewusst bleiben und auf die eigene Erziehungsweise vertrauen. Ihr wisst, dass euer Kind gesund ist und alle Nährstoffe bekommt, die es braucht.

> Die KritikerInnen mit leckerem veganen Essen überzeugen, das zur Familienfeier beigesteuert wird, oder die Großeltern und andere Verwandte zum veganen Brunch, Grillen oder Weihnachtsessen einladen.

Vertraute und keine Gegner

Bei der Kinderärztin / beim Kinderarzt

KinderärztInnen sind wichtige BegleiterInnen junger Familien.
Gerade beim ersten Kind sind die Unsicherheiten am Anfang groß.
Ängste und Besorgnisse, wie, dem Kind könne etwas fehlen, können
KinderärztInnen den Eltern nehmen. Schön wäre es, wenn auch die
spezifisch mit dem Veganismus zusammenhängenden Ängste von KinderärztInnen aufgefangen werden könnten, doch leider gestaltet sich
dies oftmals nicht so einfach. Es gibt hierzulande einfach zu wenige
KinderärztInnen, die sich Kompetenzen über die vegane Ernährung
von Kindern angeeignet haben. In Großstädten mag es noch möglich
sein, einen Arzt zu finden, der dem Veganismus gegenüber zumindest
aufgeschlossen ist, doch schon in einer Stadt der Größenordnung von
Wiesbaden, immerhin Landeshauptstadt von Hessen, sieht ein solches
Unterfangen schwieriger aus. Und so beginnt bereits kurz nach der
Geburt die Zeit der Fragen und Kompromisse: Wie gehe ich damit um,
wenn der Kinderarzt von veganer Ernährung abrät? Und wie kann ich
seine Skepsis in Unterstützung umwandeln? Behaupte ich womöglich
besser, wir lebten als Familie bloß vegetarisch?

Sei dir darüber im Klaren, dass eine KinderärztIn nicht zwangsläufig auch ExpertIn für Ernährungsfragen sein muss. Während des

Medizinstudiums und auch danach spielen Fragen der Nährstoffe zwar eine wichtige Rolle, vegane Ernährung ist jedoch, außer man spezialisiert sich auf diesem Gebiet, kein Thema. Da ÄrztInnen auf unzähligen Gebieten auf dem Laufenden sein müssen, sich über Fortbildungen und Fachartikel weiterbilden, ist es ein großer Zufall, wenn Kompetenzen ausgerechnet im Bereich des Veganismus vorhanden sind. Das kennen ja die meisten auch aus dem eigenen Berufsleben: Dort bist du ExpertIn für einen bestimmten Bereich, die angrenzenden Gebiete hast du zwar im Blick, kennst dich grob aus, beim Fachwissen jedoch bist auch du auf die Expertise anderer angewiesen. Für einen Überblick zum Thema »Fachwissen vegane Ernährung bei Kindern« blicken ÄrztInnen in der Regel zuerst in die Richtlinien der DGE (Deutsche Gesellschaft für Ernährung), und diese lassen an der veganen Lebensweise, vor allem bei Müttern, Stillenden und Kindern, kein gutes Haar.

Daher seid ihr nun selbst am Zug, den Arzt mit dem notwendigen Wissen zu versorgen, mit Studien aus dem Ausland und Fachartikeln, die sich mit veganer Ernährung für Kinder auseinandersetzen. Die wichtigste – und vermutlich einzige – Voraussetzung dafür ist ein grundsätzliches gegenseitiges Vertrauensverhältnis: Ebenso wie der/die ÄrztIn eurem veganen Fachwissen vertraut, vertraut ihr ihm/ihr euer Kind hinsichtlich medizinischer Fragen an. Hiermit ist auch die Frage, ob man sich als vegetarische Familie »tarnen« sollte, beantwortet: Vertrauen und Offenheit zahlen sich immer aus. Schleichwege, Täuschungsmanöver und Halbwahrheiten können keine Basis eines notwendigen Vertrauensverhältnisses zwischen ÄrztIn und Eltern sein und im schlimmsten Fall sogar das Kind gefährden, da der Blick für Anzeichen von Mangelerscheinungen von Seiten des Arztes im Falle einer vegetarischen Ernährung weniger aufmerksam sein könnte als bei einem bewussten und offenen Umgang mit dem Veganismus. Mögliche Befürchtungen der MedizinerIn in Bezug auf Mangelernährung könnt ihr im Vorhinein zerstreuen, indem ihr deutlich macht, ein umfangreiches Wissen über die notwendigen Nährstoffe für Kinder zu besitzen. Recht schnell werdet ihr merken, ob der/die ÄrztIn offen ist, sich auf andere Lebensweisen einzulassen, oder stur auf seiner Meinung beharrt. Sollte das der Fall sein, bleibt womöglich keine andere Wahl als, sofern ihr nicht auf dem Dorf mit nur einer einzigen Kinderarztpraxis in der nächsten Kleinstadt lebt, den/die ÄrztIn zu wechseln. Aber solange eine grundsätzliche Offenheit besteht, solltet ihr ihm eine Chance geben und die Vorsicht als Sicherheit empfinden: Anzeichen von Mangelernährung wird er ganz sicher nicht übersehen.

Weil ÄrztInnen ebenso wie Eltern mit ihren Fragen von der DGE durch überholte Ratschläge auf Basis veralteter Studien im Regen stehen gelassen werden, hat die vegane Bloggerin Sohra Behmanesh (siehe auch das Interview mit ihr auf S. 90) eine Initiative gestartet, die eine Petition vorantreibt, über die die DGE zum Umdenken aufgefordert werden soll. Detailliert widerlegt der die Petition begleitende Aufruf die Denkfehler und Ungenauigkeiten der DGE-Empfehlung, wie etwa, dass darin makrobiotisch-vegane Ernährung mit dem Veganismus gleichgesetzt wird.

Petition von Sohra Behmanesh:

Was wir von der DGE fordern

– *eine differenzierte, wissenschaftliche Auseinandersetzung mit der veganen Kinderernährung*

– *die sachgemäße Berücksichtigung aktueller Studien und den Verzicht auf die einseitige, selektive Wahl und Auswertung veralteter Studien und Untersuchungen*

– *alternativenorientierte, konkrete Ernährungsempfehlungen für vegane oder veganinteressierte Eltern, statt pauschal ablehnender Defizitorientierung*

– *die Orientierung am Beispiel vergleichbarer amerikanischer, britischer, kanadischer und australischer Ernährungs- und Kindergesundheitsverbände, die sich einer veganen Kinderernährung gegenüber längst neutral-wohlwollend positionieren, ihre gesundheitlichen Vorteile betonen und sie mit Ernährungsempfehlungen konstruktiv unterstützen*

– *die Akzeptanz veganer Ernährung als eine Ausprägung von Vielfalt in der Gesellschaft und die Abkehr von Stigmatisierung veganer Familien.*

Vgl. *www.openpetition.de/petition/online/ deutsche-gesellschaft-fur-ernahrung- vegane-kinderernahrung-veraltet-einseitig- unprofessionell*

Grundsätzlich gilt: Der/die ÄrztIn sollte von Beginn an in die Fragen der Kindergesundheit und Ernährung mit einbezogen werden. Er führt regelmäßige Bluttests durch; bei Symptomen, die auf Mangelerscheinungen hindeuten könnten sowieso, aber auch, um einfach sicher zu sein, dass alles in Ordnung ist. Bei Säuglingen und Kleinkindern empfiehlt sich ein solcher Test zweimal im Jahr, später können die Untersuchungen auch seltener werden.

Es gibt unzählige Tests zur Feststellung verschiedener Werte, für Kinder bieten sich vor allem die Untersuchung der ausreichenden Versorgung mit Vitamin B_{12}, Eisen, Calcium, Zink, Jod und Vitamin D an. Welche davon, abgesehen vom obligatorischen B_{12}-Test, man durchführen lassen möchte, muss man selbst in Rücksprache mit dem/der KinderärztIn klären. Die meisten Tests werden von der Krankenkasse leider nicht übernommen.

Die Diskussion um Impfungen für Kinder wollen wir an dieser Stelle nicht führen, wir haben dazu allerdings eine klare Meinung. Die Impfstoffe gegen Masern, Mumps, Röteln & Co. sind nicht vegan. Diese Tatsache alleine darf jedoch vegan lebende Eltern nicht von der Impfung ihrer Kinder abhalten. Das gleiche betrifft die Medikation bei schweren Krankheiten: Die eigenen ethischen Vorstellungen in allen Ehren, aber sie haben ihre Grenzen, wenn es um das Wohlergehen des eigenen Kindes geht. Es gilt: Pragmatismus schlägt Dogma! Bei kleinen Wehwehchen von wundem Po bis Schnupfnase gibt es ausreichend alternative, natürliche Medikamente. Ebenso können bei Mangelerscheinungen Supplementierungen notwendig werden, die unter Umständen tierische Stoffe enthalten.

Literaturtipp: Dr. med. H. Michael Stellmann: Kinderkrankheiten natürlich behandeln. *München: Gräfe und Unzer 1994.*

> **Offenheit gegenüber dem Kinderarzt zeigen.**

> **Pragmatismus schlägt Dogma: das Wohlergehen des Kindes im Zweifel vor die eigenen ethische Vorstellungen stellen.**

> **Regelmäßige Bluttests zur Vorbeugung von Mangelernährung durchführen.**

Den Veganismus positiv vermitteln

Im Gespräch mit Anke Helène

Wie alt ist dein Kind?
Noah ist drei Jahre alt, er wurde im Februar 2013 geboren.

Lebt ihr konsequent vegan?
Wir ernähren uns fast rein pflanzlich, kleine Ausnahmen gibt es nur, wenn wir unterwegs sind. Zum Beispiel beim Bäcker: Noah liebt Rosinenbrötchen und Hefegebäck, und die bekommen wir leider nicht immer vegan. Ich möchte sie ihm auch nicht immer verwehren, zumal er auch den Unterschied noch nicht so gut versteht. Bei anderen Lebensmitteln weiß er besser, dass sie manchmal vegan sind und manchmal nicht. Bevor er zum Beispiel im Supermarkt Gummibärchen nimmt, fragt er mich, ob sie mit Gelatine sind oder ob die Nudeln Ei enthalten. Dann stellt er die Produkte auch ohne Diskussionen zurück. Das hilft einem auch beim Gang durchs verführerische Süßigkeitenregal.

Was sind deine Tricks, um abgelehnte Lebensmittel doch schmackhaft zu machen?
Suppen. Noah hat noch nie Brei gegessen, aber dicke, pürierte Suppen liebt er. Und in ihnen lässt sich allerlei Gutes verstecken, was er sonst nicht – oder nur wenig – essen würde. Hülsenfrüchte, Kartoffeln und Gemüse sind die Basis, dazu gibt es immer noch Erbsen oder Mais, manchmal Räuchertofu. Am nächsten Tag kommt die Suppe dann meistens als Nudelsoße auf den Tisch, das kommt auch immer gut an. Ansonsten biete ich Noah abgelehnte Lebensmittel immer wieder an und bin mir auch bei meiner Vorbildfunktion bewusst.

Lässt du manchmal die Werte des Kindes checken, um sicher zu sein, dass es ganz gesund ist?
Bislang haben wir noch keine Blutuntersuchung vornehmen lassen. Ich habe schon öfter mit meinem

Kinderarzt darüber gesprochen, er ist aber der Ansicht, so lange sich mein Sohn gut entwickelt und keinerlei Anzeichen eines Mangels zeigt, sei es nicht nötig. Bei Kindern Blut abzunehmen, ist auch einfach nicht besonders schön. Ich habe aber trotzdem vor, es bald machen zu lassen, einfach um ganz sicher zu gehen, auch wenn ich mir keine Sorgen mache.

Anke Helène lebt mit Mann und Kind als freie Journalistin in Darmstadt und bloggt auf *gemuesebaby.de* über das vegane Familienleben.

Wie stellst du die wichtige B_{12}-Versorgung sicher?

Mein Sohn und ich nehmen beide täglich die B_{12}-Tropfen von *Ankermann*. Ich habe sie ihm ab dem Zeitpunkt gegeben, als er weniger gestillt wurde und mehr gegessen hat.

Wie ist deine Erfahrung mit KinderärztInnen? Sind die offen für eure Lebensweise?

Ich habe zum Glück noch keine schlechten Erfahrungen mit ÄrztInnen gemacht. Unser Kinderarzt ist anthroposophisch geprägt, und auch wenn er dem Veganismus etwas skeptisch gegenüber steht, akzeptiert er unsere Entscheidung. Das war mir auch sehr wichtig, ich habe von Anfang an offen mit ihm darüber gesprochen.

Gehst du mit dem Kind in den Zoo oder findest du das problematisch?

Wir waren bisher noch nie in einem richtigen Zoo, ich finde es einfach schrecklich, wie die Tiere dort eingesperrt werden. Seit meiner Zeit in Südafrika, während der ich Wildtiere wie Elefanten, Löwen oder Nashörner in ihrer natürlichen Umgebung gesehen habe, lehne ich Zoos noch mehr ab. Es bricht mir das Herz zu sehen, wie eingepfercht die Tiere leben müssen; der größte Zoo ist nichts im Vergleich zur Wildnis. Ich finde es aber sehr schade, dass Noah diese Tiere nur aus Büchern kennt. Eines Tages werde ich mit Noah hoffentlich nach Afrika fliegen können, um ihm all die wunderbaren Tiere zu zeigen.

Ein klassisches Thema ist der Kauf von veganen und gleichzeitig empfohlenen Kinderschuhen, vor allem die ersten Lauflernschuhe. Welche Erfahrungen hast du damit gemacht?

Die Suche nach veganen Schuhen ist ein Thema, was uns seit Anfang an begleitet. Bei den Krabbelschuhen war es noch einfach, die habe ich mir einfach nähen lassen, bei *DaWanda* und *Etsy* bieten viele vegane Krabbelschuhe an. Aber jetzt ist es schon schwieriger. Es gibt natürlich zufällig vegane Schuhe, also welche aus Kunstleder, aber die sind oft billig verarbeitet, aus unschönem Material und unter problematischen Bedingungen hergestellt. Vielleicht sind sie auch nur lederfrei, aber trotzdem nicht vegan, zum Beispiel wegen des Klebers. Es gibt online mittlerweile ja einige HändlerInnen, die auf vegane Schuhe spezialisiert sind, ich finde die Auswahl für Kinder aber immer noch zu klein. Bei uns kommen auch einfach einige Ansprüche zusammen, welche die Schuhwahl erschweren: Sie müssen warm genug für den Waldkindergarten sein, dazu noch wasserdicht, und Noahs sehr breiter Fuß mit hohem Spann muss hineinpassen. Das grenzt die Suche leider sowieso schon ein.

Fandest du eine vegane Ernährung während der Schwangerschaft eher schwierig?

Nein, überhaupt nicht. Ich habe einfach so gegessen, wie vorher auch und darauf geachtet, dass es ausgewogen ist und ich mit Eisen, Calcium usw. gut versorgt bin. Wobei das Ausgewogene nicht immer ganz einfach war – dank der Gelüste und meiner Übelkeit konnte ich eine Zeitlang nur Taco-Chips, veganes Sushi oder Brot mit Erdnusscreme essen. Ich habe mir aber keine Sorgen darüber gemacht, dass mir etwas fehlen könnte. Ich war immer gesund und während der Schwangerschaft wurden meine Blutwerte sowieso regelmäßig bei der Frauenärztin untersucht.

Hast du Erfahrungen beim Thema Kindergeburtstag von befreundeten, nicht veganen Kindern?

Viele unserer FreundInnen leben zum Glück auch vegan oder vegetarisch, das ist natürlich sehr praktisch. Alle anderen wissen, wie wir uns ernähren und bieten immer auch etwas Pflanzliches an. Ich habe mir außerdem angewöhnt, etwas zu Essen mitzubringen, ich backe immer einen Kuchen vorher. Wenn aber dann alle Kinder den Kuchen mit Ei essen und Noah sich auch davon nimmt, möchte ich es ihm nicht verbieten, er soll sich nicht ausgegrenzt fühlen. Den Unterschied wird er besser verstehen, wenn er älter ist und dann vielleicht eher zur mitgebrachten Alternative greifen. So eine Ausnahme würde ich übrigens nicht bei Würstchen machen, die es ja auch gerne mal bei Kindergeburtstagen gibt.

Wie hältst du es mit dem Essen bei den Großeltern?
Meine Eltern wissen genau, was wir essen und was nicht. Sie kochen und backen extra pflanzlich, und wenn wir da sind, gibt es immer Sojamilch und vegane Kekse für Noah. Mein Stiefvater hat sogar einige Rezepte schon veganisiert und die Oma meines Mannes zaubert mittlerweile ganze vegane Menüs für uns. Ich glaube, sie liebt die Herausforderung. Zum Glück würde niemand von ihnen Noah Wurst anbieten oder ihn sogar heimlich damit füttern. Noah wollte letztens unbedingt vom Käsebrot meiner Mutter abbeißen, ich habe ihn gelassen – und er hat es gleich wieder ausgespuckt, der Geschmack war wohl zu ungewohnt.

Vielleicht hast du damit schon Erfahrungen: Wie wirst du deinem Kind eines Tages den Veganismus erklären?
Wir reden jetzt schon sehr viel darüber, was wahrscheinlich auch daran liegt, dass wir immer zusammen einkaufen gehen und gemeinsam kochen. Ich möchte ihm den Veganismus sehr positiv vermitteln und ihn nicht erschrecken oder Angst einjagen, dafür ist er zu klein. Mein Ansatz ist eher, dass Tiere unsere Freunde sind, wir sie sehr mögen und sie nicht essen oder ihnen die Milch oder Eier wegnehmen wollen. Wir haben einen *Demeter*-Bauernhof in der Stadt und Noah liebt die Kühe dort. Wir schauen gerne dabei zu, wie die Kühe ihre Kälbchen stillen und so weiß er, dass die Milch für sie bestimmt ist, nicht für uns. Er kann nur noch nicht immer die Dimension verstehen, zum Beispiel dass Butter aus Milch hergestellt und in Produkten wie den geliebten Rosinenbrötchen verwendet wird. Aber er weiß ganz genau, dass es einen Unterschied gibt zwischen den Würstchen, die wir essen, und denen, die andere Kinder essen. Er fragt beim Wald-Frühstück die anderen Kindern auch, ob ihre Wurst aus Tieren ist und erklärt, dass er lieber Tofu isst. Ich bin stolz darauf, wie viel er schon versteht und hoffe natürlich, dass er später nicht irgendwann doch Fleisch isst, sondern weiterhin so einfühlsam bleibt.

Von Kitas und Babysittern

Wenn die erste Zeit mit dem Baby überstanden ist, das Durchschla-fen wieder in greifbarer Nähe scheint, die Verwandten, KinderärztIn, Hebamme und FreundInnen verdaut haben, dass es möglich ist, ein Kind mit dem ausreichenden Wissen und der notwendigen Kompromissbereitschaft weitestgehend vegan und gesund zu ernähren, stehen der veganen Familie schon die nächsten Hürden im Weg. Denn irgendwann stellt sich die Frage nach einer Kinderbetreuung.

Mit Babysittern tastet man sich langsam wieder an die alten Freiheiten aus der kinderlosen Zeit heran. Babysitter sind noch einfach in das vegane Leben einzuweisen, schließlich findet das Babysitting meist in den eigenen vier Wänden statt, und die Bitte, dem Kind beim Spielplatzbesuch kein Milchspeiseeis und keinen Schokoriegel zu kaufen oder lieber nicht in den Zoo zu gehen, liegt im Bereich des Machbaren. Um ganz sicher zu gehen, könnt ihr für Babysitter eine Liste mit veganen Snacks, Getränken und Rezepten vorbereiten. Komplizierter wird es bei der regelmäßigen Kinderbetreuung in privaten oder öffentlich getragenen Kitas und Kindergärten: Die wenigsten Einrichtungen bieten vegane Alternativen an, eine rechtliche Grundlage, auf deren Basis man eine solche einfordern könnte, existiert nicht, und so seid ihr auf die Kulanz der Einrichtung, bzw. die Flexibilität von deren Zuliefererfirmen angewiesen. Aus rechtlicher Sicht sind Kitas mit Ganztagsbetreuung laut Kitagesetz einzig verpflichtet, ein Mittagessen anzubieten, woraus dieses bestehen sollte, ist jedoch nicht geregelt. Es gibt lediglich die Empfehlung, die Kitaspeisung an den »DGE-Qualitätsstandards für die Tageseinrichtungen für Kinder« zu orientieren – was »orientieren« meint und wie genau sich die Einrichtungen an diese Standards halten müssen, ist wiederum in jedem Bundesland anders geregelt.

In Großstädten dürfte sich die Kita-Suche leichter gestalten, und durch die Hilfe anderer vegan lebender Familien spricht sich das Angebot von Kitas, Kindergärten und Elterninitiativen, die bereit sind, veganes Essen anzubieten, schnell herum. In kleineren Städten und auf dem Land dagegen seid ihr tatsächlich auf die Kooperation der Kitas angewiesen. So könnt ihr nur hoffen, dass sie die Flexibilität haben, veganes Essen zuzubereiten oder mitgebrachtes Essen für euer Kind nicht aus hygienischen Gründen abzulehnen, wie es immer wieder geschieht.

Wie so oft sind Kommunikation und Offenheit der beste Weg zu einem vertrauensvollen Verhältnis mit der Kita. Ihr solltet beim ersten Gespräch den Einrichtungen gegenüber genau formulieren, was ihr unter vegan versteht – ein detailliertes Wissen darüber kann man nicht voraussetzen. Angesichts des Umgangs der ErzieherInnen und der Kita-Leitung mit dem Anliegen könnt ihr entscheiden, ob die Kita für euer Kind in Frage kommt, bzw. ob ihr der Einrichtung vertraut. Leider ist die Situation in Deutschland, was Kita-Plätze betrifft, alles andere als rosig, gerade in ländlichen Gebieten, aber auch in vielen Städten muss man fast dankbar sein, einen Platz ergattern zu können, sodass selbst bei einem unguten Gefühl, was die Kita-Ernährung des Kindes betrifft, oftmals keine andere Wahl bleibt. Ihr solltet euch frühzeitig auf die Suche machen, euch mit anderen Eltern austauschen, Kitas und Kindergärten besuchen, offen mit ErzieherInnen sprechen und eure eigenen Wünsche klar formulieren. Macht euch aber auch darauf gefasst, Kompromisse eingehen zu müssen, entweder in Bezug auf den Termin, wenn im Wunschkindergarten gerade kein Platz frei ist, oder dauerhaft in Sachen Ernährung. Die Alternative, das Kind selbst zu betreuen, steht meist den eigenen beruflichen Wünschen und Bedürfnissen entgegen, und so bleibt nichts anderes übrig, als abzuwägen und Pro und Contra gegenüberzustellen. Eine vegetarische Essensalternative zumindest halten die meisten Kitas bereit.

Wichtiger als die Ernährung erschien uns bei der Wahl der Kita für unseren Sohn allerdings das Klima der Einrichtung. Das beste vegane Essen nützt nichts, wenn sich das Kind nicht wohlfühlt, weil die pädagogischen Kräfte ihm nicht die Geborgenheit geben können, die es braucht. In einer entspannten Atmosphäre gibt es sicherlich auch eine größere Offenheit, auf die Wünsche und Bedürfnisse, aber auch Kritik von Eltern einzugehen. Wenn das Klima stimmt, kann man auch Wünsche, die vegane Ernährung für euer Kind betreffend, leichter ansprechen und für alle tragbare Lösungen finden.

Eine Alternative können Tagesmütter oder Elterninitiativen sein, die unter Umständen bei der Essenszubereitung flexibler bleiben oder im Gegensatz zur Kita mitgebrachte vegane Speisen gerne entgegennehmen.

> Offenheit und Kommunikation im Umgang mit den Kitas aufbringen.

> Frühzeitig nach geeigneten Einrichtungen umschauen.

> Austausch mit anderen vegan lebenden Familien pflegen.

> Kompromisse und Ideen anbieten: zum Beispiel einen veganen Tag oder eine vegane Woche einführen.

> Das Kostenargument berücksichtigen: vegane Ernährung ist günstiger.

> Eigeninitiative zeigen.

Vegane Kinder wollen essen

Im Gespräch mit Daniel Böhme

Seit wann lebt deine Tochter vegan und wie hat sie sich für diesen Lebensweg entschieden?

Meine Tochter lebt von Geburt an vegan. Inzwischen ist sie alt genug, um selbst zu entscheiden, was sie isst. Da sie weitgehend aufgeklärt ist, was die Herkunft unveganer Nahrungsmittel und das Leben der Tiere in Gefangenschaft angeht, besteht sie darauf, vegan zu sein. Den erheblichen Einschränkungen und Ausgrenzung in der Schule zum Trotz!

Du befindest dich derzeit in einem Rechtsstreit mit den Berliner Behörden um veganes Schulessen für deine Tochter. Erzähl doch ein wenig zur Vorgeschichte und dem aktuellen Stand der Auseinandersetzung.

Meine Tochter hat während ihrer gesamten Kindergartenzeit veganes Essen in der Kita bekommen. Der Caterer hatte das auf Anfrage geliefert. Ich wusste natürlich, dass das keineswegs eine Selbstver-

Daniel Böhme ist Geschichtenerzähler und Social Entrepreneur aus Berlin, Vater zweier Kinder, spielt einige Instrumente und liebt es, vegan zu kochen. Derzeit befindet er sich im Rechtsstreit mit den Berliner Behörden um das vegane Schulessen für seine Tochter. Nachzulesen auf *vegane-schule.de*.

ständlichkeit war. Oft stellen sich jedoch die Kitaleitungen quer, eher selten die Caterer. Dennoch war ich froh, als ich zur Einschulung auch vom Caterer der Schule die Zusage bekam. Ein halbes Jahr lang hatte meine Tochter veganes Mittagessen. Dann kam die »Reform des Schulmittagessens« und ein neuer Caterer an unsere Schule. Dieser verweigerte die Lieferung veganen Essens ohne ärztliches Attest. Ich habe versucht, zu verhandeln und angeboten, etwaige Mehrkosten zu tragen. Vergeblich. Nun stand ich plötzlich vor zwei Problemen: Zum einen musste ich meine Tochter irgendwie versorgen während der acht Stunden Aufenthalt in der Schule, und zum anderen sollte ich die Kosten für das reguläre Schulessen trotzdem bezahlen!

Nun folgte monatelanges Telefonieren und E-Mail-Schreiben mit Ämtern, Trägern, Senatsverwaltung und Caterer. Es war scheinbar niemand zuständig für mein Anliegen. Ich ließ mich aber nicht abwimmeln und habe immer tiefer gegraben. Zum Glück gibt es in den Ämtern einige Mitarbeiter*innen, die auf unserer Seite sind und es für »ein Unding« halten, dass mein Kind nichts zu essen bekommt. »Die sollen sich nicht so anstellen und das Essen einfach liefern«, meinte die Abteilungsleiterin unseres Bezirksamtes, doch die Entscheidung hat dann wohl doch das Schulamt zu treffen. Sie hat mir dann aber immerhin bei einem Antrag geholfen (genauer: den Wortlaut diktiert), mit dem ich eine Befreiung von den Verpflegungskosten erreichen konnte. (Vielen Dank dafür!) Selbst das ist aber leider keine Selbstverständlichkeit! Dazu später mehr.

Meine Tochter kam inzwischen in die zweite Klasse. Ihr tägliches Mittagessen bestand nun aus mitgebrachten Broten oder dem auf vegane Bestandteile reduzierten regulären Essen: trockene Kartof-feln, Nudeln ohne Soße, manchmal nur ein Apfel oder trocken Brot. Kein Zustand, den ich zu akzeptieren bereit war!

Ich machte meinem Ärger Luft in einem Post auf meinem persönlichen Blog. Die Presse griff das Thema auf. Die »Reform des Schulmittagessens« war mit einer deutlichen Erhöhung des Elternanteils verbunden (23 auf 37 Euro) und für die Presse zu der Zeit interessant. So sind viele andere Eltern veganer Kinder auf mich aufmerksam geworden und haben mich mit Ermutigungen und Danksagungen überhäuft, aber auch mit Fragen gelöchert. Bis dahin war es nur mein persönlicher Kampf gegen die Behörden für mein eigenes Kind. Aber durch die große Nachfrage ist mir bewusst geworden, wie weitreichend das Problem eigentlich ist. Die meisten veganen Kinder bekommen kein Mittagessen. Bezahlen müssen es die Eltern oft trotzdem! Manchen Eltern wird die Kündigung des Betreuungsvertrages angedroht, andere werden beim Jugendamt angezeigt wegen Kindeswohlgefährdung!

Daraufhin habe ich das Netzwerk »Vegane Kinder wollen essen« ins Leben gerufen. Mein Ziel ist, die Eltern zu vernetzen, Informationen über die Ämter und deren Vorgehensweisen zu sammeln und die Community mit strategischen und juristischen Tipps zu versorgen. Viele Eltern leiten mir ihren E-Mail-Verkehr mit den Behörden, Caterern und Trägern weiter. Teilweise enthalten die E-Mails auch die Kommunikation der Ämter untereinander. So konnte ich wertvolle Einblicke gewinnen. Ich habe herausgefunden, dass in Berlin tatsächlich ein einzelner Mitarbeiter der Senatsverwaltung die Entscheidung zu verantworten hat, veganen Kinder das Mittagessen zu verweigern. Alle Caterer, Bezirks- und Schulämter sowie Schulleitungen wenden sich in der Frage letztlich immer an ihn. Die Frage nach veganem Schulessen wurde auch in der ›Caterer-Runde‹, einem Zusammenschluss der großen Berliner Caterer erörtert. Einer dieser Caterer hat mir hinter vorgehaltener Hand mitgeteilt, dass auch unser Senatsmitarbeiter zugegen war und die Caterer davor gewarnt hat, veganes Essen zu liefern! Als Anbieter würden sie angeblich dafür haften, wenn bei einem Kind Mangelerscheinungen auftreten sollten. Juristisch gesehen ist das natürlich reiner Unsinn, doch wel-

Daniel Böhme und Familie

cher Caterer lässt es darauf ankommen? Tatsächlich sind die Caterer aber vertraglich dazu verpflichtet, das Essen nach dem »Qualitätsstandard für Schulmittagessen« der DGE (Deutsche Gesellschaft für Ernährung) zu liefern. Dieser enthält zwar keine Angaben über veganes Essen, die DGE positioniert sich aber grundsätzlich gegen vegane Ernährung von Kindern. So begründet die Senatsverwaltung die Entscheidung, vegane Kinder vom gemeinsamen Mittagessen auszugrenzen. Den Caterern sind die Hände gebunden, wenn sie nicht Vertragsstrafen oder gar den Verlust der Verträge riskieren wollen. Es gibt aber einen Caterer in Berlin, der trotzdem veganes Essen an staatliche Schulen liefert: *Löwenzahn*. Wer also ein veganes Kind an einer Berliner Grundschule hat, kann versuchen den Essenausschuss der Schule dazu zu bewegen, den Caterer zu wechseln. Ich habe inzwischen Klage eingereicht gegen das Land Berlin.

Man scheint dem Zufall und der Kulanz der jeweiligen Einrichtung ausgeliefert, was die Möglichkeit veganen Essens betrifft. Gibt es keinerlei rechtliche Grundlage für vegane Kita-/Schulspeisung?
Zufall nein, Kulanz ja. Zumindest aus Sicht der Entscheidungsträger*innen. Tatsächlich kann man durchaus aus bestehenden Gesetzen und nicht zuletzt dem Grundgesetz einen Anspruch auf vegane Gemeinschaftsverpflegung herleiten. Es gibt ein Recht auf Gleichbehandlung (Art. 3 GG) und Gewissensfreiheit (Art. 4 GG). Auch nach Europäischem Recht und diversen Verwaltungsvorschriften spricht nichts für eine Diskriminierung von Menschen aufgrund ihres Gewissens.

Wichtig ist, mit der Gewissensfreiheit zu argumentieren. Veganes Essen ist für ethisch begründet vegan lebende Menschen kein Sonderwunsch, von dem man abweichen kann, sondern obligatorisch. Auf jeden Fall besteht ein Anspruch, wenn andere religiös bedingt Sonderkost erhalten.

Das Problem ist im Moment noch die DGE, die vegane Ernährung von Kindern grundsätzlich für »nicht empfehlenswert« hält und sich damit gegen den aktuellen Stand der Wissenschaft und die Positionen der weltweit größten Ernährungsgesellschaften stellt. Auf die DGE beziehen sich in Deutschland derzeit viele Träger, ohne dass diese Aussagen neutral überprüft werden. Diese Überprüfung will ich jetzt vor Gericht erzwingen. Sollte ich mit der Musterklage Erfolg haben, dürfte das für einige Rechtssicherheit sorgen.

Eine recht umfangreiche Übersicht über die rechtlichen Grundlagen für vegane Schulspeisung erhält man in der Begründung von Daniel Böhmes Antrag auf veganes Essen:
vegane-schule.de/?p=1149
Sein Anwalt Ralf Müller-Amenitsch hat auch das Buch »Vegan im Recht« geschrieben, in dem er im Detail auf juristische Fragen eingeht, die alle erdenklichen Bereiche des Lebens im Zusammenhang mit Veganismus betreffen. Mehr dazu:
http://vegan-im-recht.de.
Das Buch erscheint im Herbst 2016 im Ventil Verlag.

Feste sind da, um gefeiert zu werden

Kindergeburtstag!

Das Ausrichten von Kindergeburtstagen, wie auch zu einem sol-chen eingeladen zu sein ist Chance und aufregende Herausforderung zugleich. Beim Ausrichten eines Festes für mein Kind bietet sich die wunderbare Möglichkeit, die kleinen (und großen) Gäste mit einer kreativen Vielfalt zu überraschen, mit allem, was die Pflanzenküche und tierfreie Bäckerei so hergibt. Es ist auch nicht nötig, vorher allen Gästen Bescheid zu geben, dass es sich um eine vegane Feierei handeln wird: Setzt auf den Überraschungseffekt, wenn Nachfragen kommen! Wer doch auf Nummer sicher gehen will, am Ende nicht mit Milchschokolade und anderen unerwünschten Geschenken dazustehen, vermerkt auf den Einladungskarten, dass es sich um einen veganen Geburtstag handelt und was Veganismus bedeutet.

Nicht viel anders liegen die Dinge, wenn mein Kind woanders eingeladen wird. Bis zum Alter von drei oder vier Jahren begleitet man seine Kinder in der Regel ohnehin und kann die Kommunikation darüber, was das Kind isst und was nicht, selbst führen. Ab dem Alter von etwa vier Jahren werden Kinder, die vegan leben, dies für eine Selbstverständlichkeit halten und vermutlich die GastgeberInnen fragen, was es an Essen vor sich stehen hat. Wir empfehlen in jedem Fall, eigene Leckereien mitzubringen. Einerseits als Geste und Gast-

Vegane
Geburtstags-
party

Du bist
herzlich
einge-
laden

geschenk, andererseits natürlich um sicher zu sein, dass das eigene Kind etwas nach seinem eigenen Geschmack dabei hat. Es ist auch schön für euer Kind, die FreundInnen mit einer veganen Speise zu überraschen, die es sich selbst überlegt und mit euch zubereitet hat.

Ab einem Alter, in dem das Kind autonom agieren will, raten wir dazu, keinerlei Drucksituation zu kreieren, um es vom Essen der GastgeberInnen abzubringen. Wichtiger finden wir es, dass ein Kind lernt, sich auf sich und sein Gefühl zu verlassen und alles auszuprobieren, was ihm diesbezüglich in den Sinn kommt. Wenn ein Kind ab einem gewissen Alter weiß, warum es bestimmte Dinge nicht im Alltag isst, dann wird es nicht damit überfordert sein, dies auch außerhalb des Elternhauses selbstbewusst zu vertreten. Wenn es auf einem Geburtstag etwas nicht veganes probieren will, solltet ihr ihm dies andererseits nicht verbieten – wenn es solche Neugierde heimlich befriedigen muss, schadet ihr längerfristig eurer Eltern-Kind-Beziehung.

> Auf das Kind einlassen und immer als GesprächspartnerIn zur Stelle sein.

> Die Gedanken und Zweifel des Kindes respektieren.

> Ältere Kinder, die nicht-veganes Essen außer Haus probieren wollen, gewähren und ihre eigenen Erfahrungen machen lassen! Verbote und emotionale Drucksituationen belasten die Eltern-Kind-Beziehung nur unnötig und können Kindern leicht das Gefühl geben, fremdbestimmt zu sein.

Veganismus ist ein Prozess

Im Gespräch mit Reuben Proctor

Was bedeutet Ihnen Veganismus und haben Sie eine konkrete Definition davon?

Für mich bedeutet vegan zu leben, das Lebensrecht anderer empfindungsfähiger Lebewesen zu achten und möglichst keinem anderen Lebewesen durch meine eigenen Handlungen und mein Konsumverhalten zu schaden, weder direkt noch indirekt. Das heißt, dass ich keinerlei von Tieren stammende »Produkte« nutze, ob als Nahrung, Kleidung, Kosmetik, Reinigungsmittel oder Medikamente. Das kann man auch mit »Vermeidung vermeidbaren Leides« zusammenfassen.

Wie kann das Handbuch Veganissimo *im veganen Familienalltag eine Hilfe sein?*

Veganissimo eins kann helfen zu verstehen, welche Zutaten, Zusatzstoffe und Hilfsstoffe in Lebensmitteln eingesetzt werden und wie man nicht nur potentielle unvegane Produkte erkennen kann, sondern auch wie man vegane Produkte

Reuben Proctor ist Mitautor des hervorragenden Handbuchs *Veganissimo*, das mittlerweile als Standardwerk zum Thema vegane Inhaltsstoffe gilt. Er wurde in Neuseeland geboren und ist u.a. als Übersetzer tätig. Seit Anfang 2000 lebt er vegan.

findet. Ich denke, gerade in einer Umstellungsphase kann dies sehr hilfreich sein. Auch zum Beispiel bei der Suche nach Pflegemitteln für Kinder sollten die Hinweise bezüglich Naturkosmetik und der typischerweise eingesetzten Stoffe hilfreich sein, die richtigen Produkte auszusuchen. Da Kinder wachstumsbedingt viel häufiger neue Kleidung brauchen als Erwachsene, kann es auch sehr sinnvoll sein, sich mit der Deklaration von Textilien auszukennen oder zumindest nachschlagen zu können. Medikamente können gerade bei Kinderkrankheiten schnell sehr wichtig werden, und Wissen über die eingesetzten Wirk- und Hilfsstoffe kann auch helfen, Alternativpräparate zu finden, ohne die Verantwortung als Eltern zu vernachlässigen.

Etwas, das im Veganissimo besonders deutlich wird, sind die Grenzen des gelebten Veganismus. Beispielsweise in Musikinstrumenten und bei keiner endgültigen Klarheit bezüglich Nahrungsmitteln, Kosmetika, Möbelverleimung etc. müssen Grenzen gesetzt werden. Wie würden Sie VeganerInnen raten, diese Grenzen für sich zu finden? Und welche Erfahrungen haben Sie in der Hinsicht gemacht? Die erste Grenze werden Eltern selbstverständlich und zu Recht beim Wohl des eigenen Kindes setzen. Bei Medikamenten im Krankheitsfall beispielsweise gibt es leider nicht immer das passende Präparat ohne tierliche Inhaltsstoffe. Man kann mit der Ärztin/dem Arzt oder ApothekerIn nach Alternativen schauen, aber wenn es keine gibt, dann steht natürlich die Gesundheit des Kindes an erster Stelle. Wenn ein unveganes Mittel zwingend notwendig erscheint, dann wäre es kaum vertretbar, es nicht zu verabreichen.

Bei den Mitteln für die täglichen Wehwehchen (kleine Verletzungen, Schmerzen, Erkältungen usw.) lassen sich aber in aller Regel problemlos wirksame vegane Mittel finden.

Bei Nahrungsmitteln haben wir heute eigentlich immer genug Auswahl, um nicht die Produkte zu kaufen, bei denen Unklarheit herrscht. Zumal wenn man möglichst unverarbeitete Lebensmittel kauft. Das sollte man bei der Ernährung von Kindern meines Erachtens ohnehin tun. Sowohl aus gesundheitlichen Gründen als auch weil es zu den wichtigen Kindheitserfahrungen gehört, das eigene Essen zuzubereiten, um zu verstehen, was man isst, Lebensmittel und die Wichtigkeit von Mahlzeiten als Teil des Familienlebens schätzen zu lernen, und auch später im Leben sich selbst versorgen zu können. Und wenn das Kind auch mal Naschen will und darf – davon gibt es mehr als genug vegane Produkte.

Bei Kosmetika sehe ich mittlerweile keine wirklichen Grenzen. Es gibt so viele Produkte, die entweder als »vegan« ausgewiesen sind oder – bei den Naturkosmetika mit deutschen Inhaltsstofflisten – erkennbar keine tierlichen Substanzen enthalten, dass man höchstens anfangs etwas suchen muss, um die richtigen zu finden – aber das muss man bei der Vielzahl der Kosmetika sowieso, die »Einschränkung« auf »vegan« macht es einem so gesehen vielleicht sogar etwas leichter!

Bei Musikinstrumenten gibt es auch immer die Option, gute gebrauchte Instrumente zu kaufen. Es ist ohnehin ganz üblich, dass Instrumente je nach Alter und Lernfortschritte durch mehrere Hände gehen. Das ändert natürlich nicht, dass tierliche Stoffe enthalten sind, aber der »Schaden« ist schon angerichtet und ich gebe keine weitere Nutzung von tierlichen Stoffen in Auftrag. Ich habe als Kind z. B. Geige gelernt und habe damals eine gebrauchte Geige in erstklassigem Zustand bekommen (ich besitze sie immer noch). Nur bei der Bespannung des Bogens wird üblicherweise Rosshaar verwendet, aber heutzutage gibt es auch Synthetikhaare dafür.

Im Prinzip muss natürlich jede/r die eigenen Grenzen ausloten. Wichtig ist für mich dabei zu unterscheiden, ob man wirklich alles im Rahmen seiner Möglichkeiten versucht hat oder ob man »Kompromisse« eingeht, weil es einem lästig wird. Manchmal auch den leichteren Weg gehen zu wollen, ist menschlich, aber dann sollte man sich im Klaren sein, dass das eine selbstgesetzte »Grenze« ist und eigentlich mehr gegangen wäre. Auch das Geld kann eine Rolle spielen, aber auch hier müssen die meisten Menschen sowieso Prioritäten setzen.

Wie gesagt, die für mich wichtigste Grenze liegt beim Wohl des Kindes (und dem eigenen Wohl). Bei allem anderen bleibt einem nichts anderes übrig, als sich selbst immer wieder zu fragen, ob das, was man macht, richtig oder ausreichend ist, zu erkennen, wann man noch etwas ändern oder verbessern kann. Man kann nicht alles auf einmal erreichen und würde sich wahrscheinlich überfordern, wenn man es versuchte. Es ist ein Prozess, und man sollte einen Schritt nach dem anderen tun, in dem Wissen dass ein getaner Schritt nicht das Ende des Weges ist.

Veganismus als Prozess sehen/akzeptieren.

Schrittweise vorgehen, nicht alles auf einmal erreichen wollen.

Ausprobieren, Alternativen finden, selbst aktiv werden.

Aber bitte ohne Tierleid

Pflegeartikel, Badezusatz, Windeln & Co.

Wundcreme, Hautschutzcreme, Puder, Babyshampoo, Feuchttücher, Babymassageöl, Babyreinigungsmilch und -badeöl, Windeln, Kinderzahnpasta – die Liste an Pflegeprodukten für Babys und Kleinkinder scheint endlos. Klar, Windeln und Zahnpasta braucht man, ab und an Creme gegen einen wunden Po, aber sonst? Wie so oft beim Thema Baby gibt es zu diesem Thema hunderte verschiedener Ratschläge, Empfehlungen und Tipps, die sich oftmals widersprechen.

Wie bei Pflegeprodukten und Kosmetika für Erwachsene sind auch bei den Artikeln für Babys und Kleinkinder die Leitfragen: Sind tierische Inhaltsstoffe enthalten? Wurden zur Entwicklung und Herstellung Tierversuche durchgeführt? Die zahlreichen Inhaltsstoffe zu entschlüsseln ist mitunter kompliziert und mühsam, die Hilfsmittel sind identisch wie bei den eigenen Kosmetikprodukten: Siegel wie die Veganblume für vegane oder der Leaping Bunny für tierversuchsfreie Produkte. Eine Liste von Firmen, die Kosmetik ohne Tierversuche herstellt, hat PETA zusammengestellt: *kosmetik-*

Veganblume   Leaping Bunny

ohne-tierversuche.de. Allerdings sind die Produkte nicht zwangsläufig vegan. Blogs wie *kosmetik-vegan.de* oder *onceuponacream.at* berücksichtigen Artikel, die sowohl tierversuchsfrei als auch vegan sind, und bieten eine gute Hilfe, sich einen ersten Überblick zu verschaffen. Beide Blogs beinhalten auch Beiträge zu veganen Kinderpflegeprodukten.

Die allererste Frage sollte jedoch sein: Benötigt man wirklich all diese Artikel für das Baby? Babyhaut ist wesentlich dünner und empfindlicher als die Haut von Erwachsenen, weswegen ihr sehr sorgsam damit umgehen solltet, was ihr der Haut zumutet. Um es kurz zu machen: Zur Babypflege reicht meist warmes Wasser, Badezusätze und ähnliches sind nicht notwendig, im Gegenteil, sie trocknen die Haut zusätzlich aus. Zum Wickeln genügt ebenfalls Wasser, Feuchttücher sind am Wickeltisch überflüssig. Für unterwegs können sie natürlich praktisch sein, vegane und solche ohne Chemikalien gibt es von *Organyc* und *alverde* (*dm*).

Baden sollte ein Baby nicht mehr als ein bis zwei Mal pro Woche, um die Haut nicht austrocknen zu lassen, bei Babys mit ohnehin trockener Haut könnt ihr ein wenig Weizenkeimöl, Kokosöl oder Mandelöl ins Badewasser geben. Auch Olivenöl, das sich wiederum auch bei trockener Babyhaut als Lotion sehr gut eignet, ist empfehlenswert. So stellt sich die Frage nach speziellen veganen Pflegeartikeln gar nicht erst. Im Winter könnt ihr wiederum gegen das raue Wetter Sheabutter einsetzen, eine sehr gute Alternative zu Wind- und Wetter-Balsam. Die Haare des Babys zu waschen ist auch erst nötig,

Blogs über vegane Pflegeprodukte, mit Hinweisen auf Kinder- und Babyprodukte:

www.onceuponacream.at
www.mydailygreen.de

Vegan-Blogs mit Hinweisen auf vegane Babypflege:

www.laubfresser.de
www.blog.terraveggia.de

Versandhäuser für vegane Kosmetik und Babypflege:

www.vegane-pflege.de
www.purenature.de/babypflege-vegan
www.nordjung.de/vegane-kosmetik
www.clematis-naturkosmetik.de
www.sense-organics.com
www.najoba.de
www.greenpicks.de

wenn sie dichter werden, vegane Shampoos gibt es beispielsweise von *alverde* und *Lavera.*

Das beste für einen wunden Po ist frische Luft, sollte die Rötung nicht verschwinden, könnt ihr es zunächst mit einer veganen Wundcreme versuchen (z. B. von *Lavera*). Wenn auch die nicht hilft, solltet ihr einen Arzt aufsuchen.

Wenn euer Kind dann älter wird, regelmäßig baden muss, weil es sich tatsächlich beim Spielen schmutzig macht und seine Haut sich verändert hat, finden sich auch viele vegane Produkte in den schier endlosen Regalen zur Baby- und Kinderpflege. So sind die meisten Pflegeprodukte von *alverde* vegan: Aus dem bei *dm* erhältlichen Sortiment sind Pflegecreme, Waschlotion und Shampoo, Babyseife, Haut- und Badeöl vegan. Von *Lavera* ist sogar das gesamte Sortiment bis auf den Sonnenschutz vegan: Waschlotion & Shampoo, Pflegecreme, Wundschutzcreme, Pflegeöl und Schaumbad. Für Kinder wie Erwachsene kann auch die natürliche Seifenmarke *Dr. Bronner's Soap* verwendet werden. Auch bei *Weleda* oder *Dr. Hauschka* finden sich zahlreiche vegane Kinderpflegemittel, allerdings müsst ihr dafür etwas tiefer in die Tasche greifen.

Was die Windeln betrifft, so müsst ihr euch zwischen Wegwerfwindeln und Stoffwindeln entscheiden und die Kosten, den Aufwand, täglich Stoffwindeln auszukochen und den Müllberge produzierenden Wegwerfwindeln (5.000 Stück benötigt ein Kleinkind in etwa, bis es trocken ist) abwägen. Nicht jeder hat den Platz, täglich Wäsche zu trocknen, und die Zeit, sich darum zu kümmern. Auch wir produzieren unseren Müll, haben ein schlechtes Gewissen und hoffen, dass Lior bald keine Windeln mehr benötigt.

> Genau abwägen, welche Pflegeartikel wirklich notwendig sind.

> Statt Badezuätzen: Weizenkeimöl, Kokosöl, Olivenöl oder Mandelöl ins Wasser geben.

> Pflegemittel selbst herstellen.

Siebenmeilenstiefel
für die Kleinen

Das Tragen von Tierprodukten gänzlich zu vermeiden, kann schwieriger sein, als man denkt! Natürlich muss auf den Konsum von jedweder Seide, Daunen, Wolle, Leder und Pelz (außer industriell hergestellten Ursprungs) verzichtet werden. Trotzdem ist Vorsicht geboten, denn manchmal erweckt Kleidung nur auf den ersten Blick den Eindruck, völlig frei von tierischen Stoffen produziert worden zu sein. So ist zum Beispiel bei einigen Hosen und Röcken hinten eine kleine lederne Zunge am Bund eingelassen. In der globalisierten Welt entspricht es der gängigen Praxis dezentraler Kleiderproduktion, dass Materialursprung und Ort(e) der Herstellung für den Verbraucher nicht nachvollziehbar sind, abgesehen von der allerletzten Station der Fertigung. Fair Trade statt Sweatshop ist zwar teurer, doch beteiligt man sich damit einerseits nicht an der Ausbeutung billiger Arbeitskräfte und hat andererseits die Herkunft der einzelnen Bestandteile der Kleidung im Blick.

Neben der Frage nach dem Material würden wir empfehlen, der (in den meisten Fällen) sehr schwierigen Suche nach veganen Kinderschuhen den Gesundheitsaspekt voranzustellen. Möglichst flexibel sollte die Sohle sein, auf der das Kind die ersten Schritte macht. Das empfehlen Fachleute heute und weisen darauf hin, dass das Laufen lernende Kind am besten soviel wie irgend möglich barfuss gehen und stehen sollte. Eine flexible Sohle ist sehr biegsam und garantiert so die besten Bedingungen für die wachsenden Füße. Noch vor wenigen Jahrzehnten ist man scheinbar von etwas anderem ausgegangen, zumindest deuten die alten und knochenharten Kinderlederschuhe des Autors dieses Buches darauf hin, ebenso die abschätzigen Blicke der Schwiegermutter beim Begutachten der hochpreisigen ersten

Lauflernschuhe unseres Sohnes. »Das sind gute und teure Schuhe aus den USA.« – »Wirklich?« ...

Die Schuhphase beginnt meistens jedoch früher – mit den Krabbelschlappen. Diese sind für gewöhnlich aus Leder gefertigt und werden fürs erste Stehen und Krabbeln in der kalten Jahreszeit benutzt. Man bekommt sie aber auch lederfrei und oftmals vegan, da sie normalerweise zusammengenäht und nicht geklebt sind. Mit einer lederfreien Variante geht man auch der Gefahr der Chrom-VI-Belastung aus dem Weg, die in aus Leder gefertigten Krabbelschuhen nachgewiesen wurde. Eine in jedem Fall günstige, gemütliche und warme Alternative im winterlichen Innenraum stellen Stoppersocken dar, die es in tausenderlei Ausführungen in jedem Laden gibt und welche mit Gummigrip an den Sohlen versehen werden. Für die enthusiastischen NäherInnen unter uns bietet sich die Möglichkeit, Hausschühchen kreativ einfach selbst aus gefilzter Baumwolle und Kunstleder anzufertigen.

Sobald allerdings der Einsatz von Schuhkleber ins Spiel kommt, was bei den festeren Lauflernschuhen der Fall ist, wird die Sache deutlich komplizierter. Möglicherweise vergeblich sucht man derzeit nach einer komfortablen Auswahl an veganen Schuhen in sehr kleinen Größen, gerade bei Sandalen bis 21/22, die gleichzeitig den Standards der orthopädischen Empfehlungen entsprechen. Angefangen bei den gängigen Laufgrößen ab ca. 22/23 sollte es jedoch weniger Probleme bereiten, zu Leder- und wollfreien Schuhen zu kommen. Sohlen, Innen- und Obermaterial aus Synthetik oder Gummi, sowie tierfreie Materialmischungen aus beispielsweise Polyacryl und Polyester bieten mittlerweile einige Marken wie *Superfit*, *Keen*, wie auch diverse Shops in den USA und Kanada, die Modelle auch online anbieten.

> Die Kinder so viel es geht barfuß laufen lassen!

> Stoppersocken als Krabbelschuhersatz nutzen.

> Filzschuhe aus Baumwolle, auch als DIY-Variante, verwenden.

> Vegane Kinderschuhe gibt es z. B. hier: www.avesu.de

Jeder kleine Schritt ist besser als keiner

Davie, Carrie und Stefan über ihr veganes Familienleben

Davie, Carrie und Stefan führen ein veganes Familienleben in Duisburg. Stefan bloggt außerdem über Musik und ein »veganes Leben in der langweiligsten Stadt der Welt« auf www.veganrockcity.de

Wie alt ist euer Kind und lebt ihr alle konsequent vegan?

Unser Sohn ist fünf Jahre alt. Vegan LEBEN ist meiner Meinung nach ein weiter Begriff, der jeweils individuell zu betrachten ist. Letztendlich betrifft ein veganes Leben nicht nur die Ernährung, sondern alle Aspekte des Lebens. So betrachtet bin ich persönlich der Meinung, dass konsequent vegan zu leben in der heutigen Zeit nahezu unmöglich ist.

Aber der Reihe nach.

Wir ernähren uns konsequent vegan. Da wir nur wenige Fertigprodukte kaufen, ist das auch gar nicht so schwer. Sind wir uns bei einem bestimmten Inhaltsstoff nicht sicher, kaufen wird das Produkt nicht und klären das später über das Internet. Alternativ holen wir Infos über Produktanfragen ein. Die Pflege- und Kosmetikprodukte, die wir verwenden, sind ebenfalls alle vegan. Dankenswerterweise ist die Auswahl in vielen Drogeriemarktketten mittlerweile sehr groß. Daher ist das eher unproblematisch.

Unsere Kleidung ist, soweit wir wissen, ebenfalls frei von tierlichen Materialien (Schuhe siehe unten). Bevor wir uns jedoch neue Kleidung kaufen, recherchieren wir im Internet, ob womöglich tierliche Materialien verwendet werden. Alternativen finden sich in der Regel immer.

Schwieriger wird es schon bei Arzneimitteln. Hier versuchen wir zusammen mit unseren Ärzt*innen und unserem Kinderarzt noch Medikamente zu suchen, die zumindest laut Packungsbeilage keine offensichtlich tierlichen Inhaltsstoffe wie Laktose oder Gelatine enthalten. Natürlich ist uns bewusst, dass

Carrie, Davie und Stefan

kömmlichen Produkten. Wir haben beispielsweise einen kleinen Garten und verwenden nur noch vegane Dünger und Pflanzenschutzmittel. Das als positives Beispiel. In vielen anderen Fällen gelingt das leider (noch) nicht.

Das kann sicherlich als Inkonsequenz ausgelegt werden. Allerdings ist das meiner Meinung nach nicht wirklich entscheidend. Ich finde jede*r sollte so weit gehen wie er / sie es für richtig und möglich hält. Zudem ist jeder kleine Schritt besser als keiner.

Was sind eure Tricks, um von Kindern abgelehnte Lebensmittel doch schmackhaft zu machen?

Wir sind in der glücklichen Lage, dass unser Sohn fast alles isst. Dennoch gab und gibt es Lebensmittel, die er dann doch nicht auf Anhieb isst. Hartnäckigkeit und Vorleben sind eine Option, die bisher auch oft von Erfolg gekrönt war. Wenn das nicht funktioniert, mischen wir diese Lebensmittel einfach mit anderen. Wenn wir ihm dann sagen, dass er gerade dieses und das gegessen hat, legt er seine ablehnende Haltung oftmals schnell wieder ab. Bei anderen Lebensmitteln kommt es hingegen eher auf die »Verpackung« an. Kürbiskerne oder Walnüsse sind hierfür gute Beispiele. Diese lehnt

Medikamente und Tierversuche Hand in Hand gehen. Gesund leben, in der Hoffnung, nur selten krank zu werden, ist meiner Meinung nach hier die wohl beste Option.

Viele andere Bereiche des Lebens sind wohl weitaus schwieriger zu meistern. Ich denke da an Kleister zum Tapezieren, Farben für das Kinderzimmer, Kinderspielzeug, Auto, Bahnfahren und so weiter. Mittlerweile suchen wir immer nach möglichen Alternativen zu herer pur immer noch ab. Kürbiskerne in Brot oder Brötchen hingegen sind völlig in Ordnung. Gleiches gilt für Walnüsse. Pur nicht gewünscht, in Dattelbällchen total lecker. Alternativ mahlen wir Nüsse und geben sie ins Müsli. Selbstgemachte Smoothies gehören ebenfalls nicht zu seinen Favoriten. Gekaufte trinkt er hingegen gerne. Füllen wir in die leeren (gekauften) Flaschen dann selbst gemachten Smoothie, trinkt er auch diesen. Sicherlich gemein, aber erfolgreich. Trockenfrüchte aus der Tüte lehnt er meist auch ab. Wenn wir jedoch »Energiebällchen« aus Trockenfrüchten und Nüssen zubereiten, kann er davon nicht genug kriegen. Warum auch immer, die Form ist hier offenbar entscheidend. Mit ein wenig Fantasie gelingt fast alles.

Lasst ihr manchmal die Blutwerte eures Kindes checken, um sicher zu sein, dass sie gesund leben?

Bisher zweimal. Alle Werte waren im guten grünen Bereich.

Wie sorgt ihr für die wichtige B_{12}-Versorgung?

Aktuell durch Veg1 Lutsch- und Kautabs. Die einzelnen Tabs halbieren/vierteln wir und nehmen über den Tag verteilt mehrere kleine Portionen ein, da niedrige Dosierungen vom Körper besser verwertet werden können. Hier und ganz allgemein halten wir uns an die Empfehlungen von *VeganHealth.org*. Zudem gibt es weitere kleine Mengen über angereicherte Sojadrinks und Sojajoghurt sowie über Zahnpasta mit Vitamin B_{12}. Das ist allerdings alles zweitrangig. Entscheidend sind Supplemente. In den ersten drei Lebensjahren unseres Sohnes haben wir die Tabs stark zerkleinert (pulverisiert) unter sein Essen gemischt.

Welche Nährstoffe ergänzt ihr mittels Präparaten?

Neben Vitamin B_{12} nur Vitamin D. DHA wird zwar auch empfohlen, so auch von Virginia Messina und Jack Norris in ihrem Buch *Vegan for Life*. Sie weisen jedoch auch darauf hin, dass es einerseits keine Studien gibt, die den EPA- und DHA-Status von vegetarischen und veganen Kindern untersucht haben. Andererseits gibt

EPA: Eicosapentaensäure; eine mehrfach ungesättigte Fettsäure der Klasse der Omega-3-Fettsäuren, z. B. enthalten in Lachs.

DHA: Docosahexaensäure; eine mehrfach ungesättigte Fettsäure der Klasse der Omega-3-Fettsäuren, z. B. enthalten in Lachs.

es viele gesunde vegane Kinder, die ohne DHA-Supplemente und ohne spezielle DHA-Zufuhr groß geworden sind. Das ist dann auch der Grund, warum wir auf die direkte DHA-Supplementation verzichten. Dafür ergänzen wir sowohl die Mahlzeiten unseres Sohnes als auch unsere eigenen jeden Tag mit mindestens einer ALA-Quelle (Leinöl, Chiasamen, Walnüsse etc.) in der empfohlenen Menge. Nach heutigem Stand gibt es keine offensichtlichen oder von unserem Kinderarzt festgestellten negativen Auswirkungen.

Wie ist eure Erfahrung mit Kinder-ärzt*innen? Sind die offen für eure Lebensweise oder zu kritisch?
Für unseren Kinderarzt war das definitiv Neuland. Er hat jedoch schnell gemerkt, dass wir uns mit dem Thema vegane Ernährung intensiv beschäftigt haben. Vielleicht ein Grund, warum er bisher keine kritischen Worte diesbezüglich geäußert hat. Wichtiger ist aber wohl, dass unser Sohn fit ist und er sich völlig normal entwickelt.

Geht ihr mit den Kindern in den Zoo und in den Zirkus, oder ist das problematisch?
Wir persönlich gehen mit unserem Sohn weder in den Zoo noch in den Zirkus. Damit hat er auch kein Problem und fragt auch nicht danach. Allerdings gehen Oma und Opa hin und wieder mit ihm in den Zoo. Auf der einen Seite hat er sich natürlich gefreut, all die vielen Tiere sehen zu können. Wobei das für Kinder auch normal ist. Auf der anderen Seite kam er oft auch mit einer Träne im Auge zurück, weil die Tiere in kleinen Käfigen und Gehegen leben müssen. Das kann nun so oder so gesehen werden. Aber es war sicherlich gut, dass er diese Erfahrung selbst gemacht hat. Zumindest erwähnt er auch oft, dies nicht nur uns gegenüber, dass die Tiere im Zoo kein schönes Leben haben.

Zirkus hingegen ist generell tabu. Hier hat unser Sohn von sich aus erkannt, dass Zirkustiere noch weitaus weniger Freiheiten haben als Zootiere wie zum Beispiel noch kleinere Gehege bzw. Käfige als auch die vielen »Kunststücke«, die sie sicherlich nicht freiwillig machen und die auch nicht ihrer Natur entsprechen. Allein aus diesen Gründen mag er nicht in den Zirkus gehen.

Ein klassisches Thema ist der Kauf von veganen und gleichzeitig empfohlenen Kinderschuhen, vor allem die ersten Lauflernschuhe.

Welche Erfahrungen habt ihr damit gemacht?

Wir hatten das Glück, dass eine Bekannte in einem Schuhladen gearbeitet hat und uns lederfreie Schuhe besorgt hat, die mit Lauflernschuhen vergleichbar sind. Nachteile hatte unser Sohn dadurch nicht. Das ist auch die Meinung unseres Kinderarztes. Kinderschuhe sind jedoch eine Sache, die wir nicht konsequent durchziehen. Wir kaufen zwar explizit keine Lederschuhe. Doch in punkto Kleber leben wir oft mit einem schlechten Gewissen. Auf der einen Seite gibt es immer noch sehr wenige vegane Kinderschuhe. Auf der anderen Seite spielen finanzielle Gründe eine entscheidende Rolle. Im Laufe eines Jahres benötigen wir mehrere Paar Schuhe für den Alltag, Hausschuhe für daheim und für die Kita, Gummistiefel und zudem mehrere Paar Fußballschuhe für den Aschenplatz als auch für die Halle. Zudem weitere Hallenschuhe für sein Wing-Tsun-Training. Auch ohne vegane Schuhe bedeutet das jedes Jahr einige Hundert Euro. Da vegane Kinderschuhe in der Regel auch noch teurer sind, ist das leider nicht tragbar.

Natürlich suchen wir immer nach Informationen zum jeweils verwendeten Kleber und wählen, wenn möglich, eine vegane Alternative.

Habt ihr Erfahrungen beim Thema Kindergeburtstag von befreundeten, nicht veganen Kindern?

Die Erfahrungen sind unterschiedlich. Letztendlich kommt es immer auf die Eltern der anderen Kinder an. Manche sind offen und neugierig und versuchen sich an veganen Alternativen. Falls nicht, stimmen wir uns ab, wir bereiten etwas vor und bringen das dann mit. Das gilt für andere Anlässe ebenso, zum Beispiel in der Kita. Schlechte Erfahrungen haben wir bisher nicht gemacht. Tatsächlich haben wir mehr Interesse und Neugier geweckt. Die Folge ist nun ein veganer Kochkurs in der Kita.

Wie haltet ihr es mit dem Essen bei den Großeltern?

Unser Sohn isst auch außer Haus vegan. Wir sprechen dann mit den Großeltern ab, was sie kochen und wo sie einkaufen können. Allerdings klappt das mittlerweile auch ohne große Abstimmung. Natürlich gab es auch schon mal das eine oder andere »Missgeschick«. Doch das wurde offen besprochen und geklärt. Andere Menschen informieren sich auch selbst und bereiten immer etwas Leckeres für unseren Sohn zu, wenn er zum Beispiel bei ihnen übernachtet.

Das zweifelhafte Vergnügen an der Dressur

Besuch im Zirkus

Ein bedeutsamer Augenblick in der Kindheit der Autorin begab sich an einem Urlaubsort auf Zypern: Als Zwölfjährige erkundete ich auf eigene Faust die Umgebung und gelangte dabei versehentlich in einen abgesperrten Bereich hinter irgendwelchen touristischen Gebäuden. Dort, wo keine Menschenseele mehr zu finden war, fand ich stattdessen etwas wesentlich Interessanteres: Einen einsamen Delphin, der in einem nicht allzu großen Bassin einsam schwamm und meine Anwesenheit scheinbar dankbar hinnahm, denn er kam sofort zu mir geschwommen und ließ sich von mir berühren. Ich werde niemals diese so eindrückliche, feuchte, kalte, gummiartige Haut vergessen. Was der Anfang einer guten Free-Willy-Story hätte sein können, verblieb natürlich als niemals vergessenes, magisches Kindheitserlebnis in meiner Erinnerung. Kritisches Bewusstsein diesbezüglich erlangte ich allerdings erst viel später und rückblickend: ein fieses Schamgefühl. Ein starkes Unbehagen stellt sich bis heute bei mir ein, wann immer ich Tieren zusehe, die »Kunststückchen« machen oder den Befehlen des »Herrchens oder Frauchens« folgen, relativ egal in welchen Kontext sich das nun beobachten lässt. So erfüllen mich die Bilder von Wildtierdressuren im Zirkus immer mit Schaudern.

Im September 2015 wurde ein jahrelang verfolgtes Ziel von TierschützerInnen auch in den Niederlanden erreicht: die wildtierfreie Manege, zumindest für Tiger, Löwen und Zebras. Einschränkungen im Dressurbetrieb der Zirkusse, die es in einigen Ländern schon lange gibt, sind in Deutschland bisher nicht umgesetzt. Die Folge der medialen Kritik und des erzwungenen Tierschutzes sind immer weniger Zirkusbetriebe, die sich die Haltung und Dressur größerer Wildtiere zutrauen und es vermehrt bei den Kleintieren in der Manege belassen. So sieht man deutlich mehr Pferde, Ponys, kleinere Huftiere und Hunde in den Vorstellungen. Mit der Wildtiereinschränkung ist zwar schon einiges gewonnen, aber man kann leider immer noch der Exotendressur begegnen, die afrikanische und asiatische Großtiere wie Nashörner und Krokodile vorführt.

Die grundsätzlichen Konflikte im Zirkusbetrieb erstrecken sich von Haltungsbedingungen im Rahmen des umherfahrenden Zirkus bis zu dem nicht zu unterschätzendem Stresspegel der Tiere während der Auftritte selbst, und auch die in vielen Fällen prekäre ökonomische Situation der Zirkusse führt zu noch schlechteren Bedingungen für die Tiere. Ganz egal, welche Argumente diesen basalen Konflikten entgegengehalten werden können, die Entscheidung gegen Tiere im Zirkus liegt auf der Hand.

Für die TierschützerInnen in uns liegen die Dinge klar. Wir persönlich haben ja auch kein überwältigendes Vergnügen (mehr) am Zirkusspektakel. Ein bisschen schwieriger wird die Entscheidung für die Eltern in uns. Der Zauber, die Magie der Zirkusmanege gehört bei vielen unserer Generation zu den Sehnsüchten aus der Kindheit und zumindest ich kann mich noch vage an beeindruckendes Dimmerlicht und den warmen Geruch von Streu in der Manege erinnern, wo es auch

»Der Ausgangspunkt von Moral liegt in der »Erkenntnis, dass es da einen anderen gibt. Einen Gegenüber, der fühlt, leidet, wünscht – vielleicht verzweifelt –, lebt.«

Hilal Sezgin: Artgerecht ist nur die Freiheit

immer süße Leckereien und natürlich beeindruckende Kunststücke zu sehen gab, die, und das ist ja der Hauptreiz für mich als Kind gewesen, von Tieren aufgeführt wurden.

Soweit, so schwierig: Wie entscheidet man sich angesichts der Wahl zwischen Tierschutz und dem Gefühl, dem Kind möglicherweise etwas zu nehmen, was einem selbst in der Kindheit eine derartige Freude gewesen ist? Ich habe als Kind Tiere »über alles« geliebt, Fleisch gegessen, und so war es mir, neben den wöchentlichen Besuchen im Tierheim, eine überragende Freude, den Tieren auch in Kontexten zu begegnen, die lediglich für meine Unterhaltung gedacht waren. So ging ich auch über lange Jahre fast wöchentlich in den Zoo. Noch lieber sogar in den Aquazoo, wo es auch Haie und Krokodile zu bestaunen gab. Niemand hat das während meiner Kindheit je in Frage gestellt und ich war, angesichts einer übermäßigen Freude am Umgang mit Tieren noch bis ins Teenageralter blind für deren Leiden. Ja, es gab die Euphorie, aber es fehlte an Empathie.

Zirkusse ohne Tiere

Zircus FlicFlac (Artistik, Lichtshow, Liveband, Motortricks)

Kinderzirkus Krawalli (Komik, Artisik, Jonglage, Zauberei, Mitmachtheater)

Cirque du soleil (weltberühmte Artistik, Theater und Livemusik)

Chapeau Club (Variete, Performance, Theater, Surrealismus)

Die meisten großen Städte haben einen oder mehrere Kinderzirkusse!

So würde ich es heute doch in Frage stellen, dass die Tierliebe der Kinder und ein aufrichtiges Interesse am Leben der nichtmenschlichen Geschöpfe tatsächlich durch Besuche von Zirkus und Zoo verstärkt werden können, oder ob der Effekt häufig nicht einfach eine Ausweitung des Konsumverhaltens beim Kind zur Folge hat, wo es keine bedeutsame Rolle mehr spielt, ob man sich im Freizeitpark an technischen Spielgeräten, im Schwimmbad oder eben mittels anderer Lebewesen Amüsement verschafft. Zumindest in meiner Erfahrung hat die kindliche Neugierde und überschwängliche Aufregung im Kontakt mit den Tieren jegliche empathische Resonanz blockiert, und es brauchte viele Jahre, um hinter dieses Paradoxon aus Tierliebe vs. Tierleben nur für mein Vergnügen zu blicken. Für meine eigenen Kinder werde ich versuchen, alternative Freizeitvergnügen zu finden. Und das wird ganz sicher gelingen, schon deswegen, weil der Zirkusbetrieb dank Artistik und Clownerie nicht auf Tiershows angewiesen ist, weil es noch hundert andere Möglichkeiten gibt, Tieren respektvoll zu begegnen, und nicht zuletzt weil schon ein erster kritischer Blick auf die schönen Erinnerungen dem Ganzen einen bitteren Nachgeschmack verleiht.

Keinesfalls möchte ich bei meinen Kindern den Eindruck wecken, Tiere seien nur zu unserem Vergnügen geboren worden. Aber genau dieser Eindruck kann entstehen, wenn ich meinem Kind die Begeisterung für dressierte Tiere statt einem kritischen Bewusstsein vorlebe.

Was ist zu tun, wenn Großeltern, Kita oder Schule einen Ausflug in den Zirkus planen? Unbedingt das Gespräch suchen! Vielleicht lässt sich abklären, ob und welche Tiere dort vorhanden sind und in welcher Form sie dort zum Einsatz kommen. Der Zirkusbetrieb mit Wildtierdressur ist heutzutage massiver gesellschaftlicher Kritik ausgesetzt, so wird es euch niemand nachtragen, Bedenken diesbezüglich anzumelden! Unter Menschen mit auch nur ein wenig Hang zum Tierschutz sollte diese Debatte ausdauernd geführt werden um die Abkehr von dieser Art des Freizeitvergnügens weiter voranzutreiben!

Es gibt jedoch auch zeitgenössische Zirkusunternehmen, wie den »Cirque du Soleil«, die sich in vielerlei Hinsicht von den traditionellen Familienbetrieben unterscheiden. So wird in modernen Zirkussen mit professionellen Artisten und Musikern gearbeitet und der Schwerpunkt auf die Gesamtästhetik der Show gelegt. Leider gibt es nach wie vor sehr wenige Traditionsunternehmen, die komplett auf Tiere verzichten.

> Es gibt mittlerweile auch eine Menge tierfreier Zirkusse, die mit den Kindern aufgesucht werden können.

> Das Gespräch suchen, falls Großeltern, Kita oder Schule einen Ausflug in den Zirkus planen.

Bildung oder Unterhaltung? – Mein Kind im Zoo

Der Zoobesuch gehört, oft schon ab dem Krippenalter, zu den Stan-dardausflügen mit Kindern. Den HeldInnen des Kinderzimmers und der Lieblingsbücher »in echt« zu begegnen, lässt sicher so ziemlich jedes Kinderherz höher schlagen. Nicht umsonst leben viele Einrichtungen zum Teil von den Jahresabos der Familien mit Nachwuchs. Tierschutzbezogene Bedenken stoßen im Komplex »Zoo« auf besonders viel Gegenwind. Anders als beispielsweise beim Zirkus, der in die Kategorie »Freizeit und Vergnügen« eingeordnet wird, melden sich beim Thema Zoo kritische Stimmen, die auf die bildungspädagogische Verantwortung der Eltern zielt. Dabei wird den KritikerInnen von Zoos vorgeworfen, Kindern die lehrreichen Informationen vorzuenthalten, die der Zoo durch die Zurschaustellung lebendiger Tiere zu bieten hat. Der Vorteil bestünde darin, die Tiere nicht nur auf Film und Abbildungen zu sehen, sondern auch das lebendige Wesen zur Vergegenwärtigung zur Verfügung zu haben.

Denn, die Zoos und Tierparks zählen sich, in Abgrenzung zu Einrichtungen des Vergnügens, zu den Bildungseinrichtungen. Rechtlich legitimiert sind diese nach dem Bundesnaturschutzgesetz unter § 42 Zoos. Dieser besagt:

Gesetz über Naturschutz und Landschaftspflege
Zoos sind dauerhafte Einrichtungen, in denen lebende Tiere wild lebender Arten zwecks Zurschaustellung während eines Zeitraumes von mindestens sieben Tagen im Jahr gehalten werden.

Wie begegnet man diesen Stimmen der ZoobefürworterInnen? Eine erste Möglichkeit ist eine einfache Gegenfrage: Was genau kann mein Kind anhand der gefangenen und teils verhaltensauffälligen Tiere lernen? In jedem Fall raten wir bei anstehenden Zoobesuchen dazu, das Gespräch mit ErzieherInnen, LehrerInnen und Großeltern zu suchen um gemeinsame Lösungen zu erarbeiten, die für alle akzeptabel sind. Eventuell lassen sich andere Ausflugsziele vorschlagen, oder die Kritik am Zoo wird zusammen mit den Kindern in den Fokus gerückt.

Die BetreiberInnen und BefürworterInnen von Zoos berufen sich auch gerne auf ihre Aufgabe des Artenschutzes bedrohter Tiere. Als Antwort darauf zitieren wir an dieser Stelle aus dem Buch *Artgerecht ist nur die Freiheit* von Hilal Sezgin:

Umgekehrt lebt etwa der drittletzte Königstiger, auch wenn er noch so selten ist, darum noch lange nicht gern in Gefangenschaft. Seine Seltenheit erhöht seinen musealen Wert für den Menschen, versüßt ihm selbst jedoch die Gefangenschaft nicht. (S. 43)

Mit Hilal Sezgin kann man feststellen, dass sich die beiden Hauptstränge der Argumentation von ZoobefürworterInnen letztlich auf das Wohl des Menschen zurückführen lassen und zwar auf Kosten des Tieres. Diese Fragen müssen dann auch alle Eltern für sich ent-

Alternativen

*Wesentlich sinnvoller sind **Naturparks** mit einheimischem Tierbestand, in denen die Tiere unter für sie normalen klimatischen Bedingungen relativ unbehelligt und auf sehr großen Flächen leben können. So ein Naturpark kann weit über 50 einheimische Tierarten beherbergen und vermittelt Kindern und Erwachsenen Informationen über ihre eigene Umgebung und die Tiere, die in unseren Wäldern leben.*

*Tiere lassen sich sehr gut auch auf dem **Gnadenhof** und im **Tierheim** besuchen. Dort kann außerdem die Situation der Tiere erläutert werden, wodurch das empathische Bewusstsein der Kinder geweckt wird.*

scheiden: Selbst wenn der Besuch einen pädagogischen Wert hat, ist es angemessen, dafür Tiere aus der ganzen Welt gefangen zu halten? Was lebe ich dem Kind vor, demgegenüber ich die Haltung von tierischen Lebewesen in Käfigen, Gehegen und Aquarien propagiere? Und ließe sich die Situation, vor den Käfigen zu stehen, auch pädagogisch nutzen? Sicherlich könnte ich meinem Kind sagen: »Schau, das Tier, das so teilnahmslos in der Ecke sitzt, vielleicht ist es nicht vollkommen gesund und leidet.« Abgesehen davon, dass ich als Laie bei einer Menge Tierarten keine Ahnung habe, was ihr »natürliches« Verhalten ausmachen würde, bin ich mir auch über den pädagogischen Nutzen eines solchen Zoobesuchs unsicher. Ich selbst zumindest habe in einem gewissen Alter angefangen zu realisieren, was Hospitalismus, also eine durch die Gefangenschaft hervorgerufene Verhaltensstörung, bei Tieren bedeutet, und ab diesem Moment ließ mir ein solcher Anblick den Atem stocken.

> Das Kennenlernen von Tieren auf heimische Tierarten konzentrieren, die sich in Naturparks besuchen lassen.

> Auch bei einem anstehenden Zoobesuch der Kita, Schule, Großeltern etc. das Gespräch suchen, um gemeinsame Lösungen zu erarbeiten, die für alle akzeptabel sind.

Verantwortung übernehmen, aber richtig

Die Haustierhaltung

Der Wunsch nach einem oder gleich mehreren Haustieren ist bei Erwachsenen und Kindern gleichermaßen verbreitet, allein in Deutschland vermutet die Statistik über 30 Millionen Tiere in Privathaushalten. Vielen Eltern leuchtet das Argument durchaus ein, dass mit der Pflege von Tieren betraute Kinder schneller Verantwortung und Pflichtbewusstsein erlernen. Dass dem nicht so sein muss, sieht man an unzähligen Abgabetieren in Heimen, die aus Haushalten mit Kindern stammen. Abgesehen davon, ob ihr euren Kindern dies zutraut, dürfen kleinere Kinder keinesfalls mit der Pflege schwächerer Lebewesen beauftragt werden. Es gilt, Tier und Kind gleichermaßen zu schützen.

Ein Grundproblem mit der sogenannten »artgerechten« Tierhaltung ist Folgendes: Es kann – leider und trotz aller Bemühungen – ein sogenanntes »artgerechtes« Leben für Haustiere nicht geben, da die einzige »gerechte« Lebensform einer Tierart ihren natürlichen Bedürfnissen zufolge wäre, unabhängig vom Menschen in der Freiheit zu leben.

Dennoch gibt es eine Möglichkeit, den Wunsch nach einem Haustier mit einem Beitrag für die leidenden Tiere dieser Gesellschaft zu vereinbaren: Statt in die Tierhandlung oder zum Züchter zu gehen, sucht lieber Tierheime in eurer Umgebung auf! Erst mit dem Bewusstein über solche Tierschicksale und mit dem Wecken von Empathie kann bei euren Kindern das Gefühl entstehen, Verantwortung übernehmen zu wollen. So wird eine komplexere Form der Verantwortung vermittelt, die Zusammenhänge erschließt und so die Kinder wirklich bereichert.

Im Tierheim kann man umfangreiche Beratung bekommen, hat Zeit, das passende Tier kennenzulernen und die Möglichkeit, einem verwaisten Lebewesen ein schönes Zuhause zu bereiten. Diese Aufgabe ist auch eine Möglichkeit, Kindern den respektvollen Umgang zwischen Mensch und Tier vorzuleben, vor allem wenn ihr euch für kranke oder nicht mehr junge Tiere entscheidet. Auch auf Gnadenhöfen könnt ihr unter Umständen fündig werden.

Ein schwieriges Thema bleibt die Ernährung des tierischen Mitbewohners. Sowohl konventionelles Tierfutter, als auch frisches Fleisch zu füttern, dürfte zumindest einen unangenehmen Beigeschmack mit sich tragen. Über die vegane Ernährung von Katzen und Hunden gibt es jedoch wenig gesicherte Daten, dafür immer mehr Erfahrungsberichte. Demnach scheint die Ernährung von Hunden durchaus auch fleischfrei zu funktionieren, während Versuche diesbezüglich bei Katzen noch eher zweifelhaft erscheinen. Ein Kompromiss in die richtige Richtung könnte sein, Hunde und Katzen zum Teil vegan und mit einem geringen Anteil Fleisch zu füttern.

Letztlich ist bei der Entscheidung für und wider Haustierhaltung guter Rat teuer. Wir AutorInnen dieses Buches vertreten diesbezüglich gegensätzliche Meinungen. Auf der einen Seite steht die Ansicht, sich konsequent und so weit wie möglich fernzuhalten von jedweder Tierhaltung, um den nachfolgenden Generationen die Haustierhaltung nicht geradezu anzuerziehen. Auf der anderen Seite steht im Gegensatz dazu das spezifische Leid der vielen gegenwärtig lebenden und gegenwärtig leidenden Tiere im Fokus sowie die Ansicht, dass gerade von veganen Menschen so viele Tiere wie möglich in Obhut genommen werden sollten, um diese aus den quälenden Verhältnissen zu erlösen.

> Lieber Tiere aus dem Tierheim, als aus Tierhandlungen oder vom Züchter holen!

> Tiere nicht als Präsent missdeuten und zum Geburtstag verschenken!

Artgerecht ist nur die Freiheit

Interview mit den Veganos

Timo und Michaela Stoll leben mit ihren beiden Kindern in Norddeutschland. Auf *www.veganos.de* bloggen sie über ihr veganes Familienleben.

Wie alt sind eure Kinder und lebt ihr alle konsequent vegan?

Unsere beiden Jungs sind 4 Monate und zweieinhalb Jahre alt, wir leben alle konsequent vegan.

Was sind eure Tricks, um von Kindern abgelehnte Lebensmittel doch schmackhaft zu machen?

Zum Beispiel Obstspieße mit etwas Schoki oder Smoothies, wo wir auch Nüsse »reinschmuggeln«, die unser Großer nicht so gerne isst. Im Allgemeinen sind wir mit seinem Essverhalten aber sehr zufrieden. Er isst zum Beispiel Tofu, Avocado, Obst und teilweise rohes Gemüse, wie Paprika und Möhren, sehr gerne. Heute morgen hat er vor dem Frühstück eine halbe Honigmelone verdrückt.

Lasst ihr manchmal die Blutwerte eurer Kinder checken, um sicher zu sein, dass sie gesund leben?

Unseren Großen haben wir bis Dato zwei Mal testen lassen. Beide Tests zeigten sehr gute Blutwerte in allen Bereichen. Unsere Kinderärztin war tatsächlich leicht erstaunt.

Wie sorgt ihr für die wichtige B_{12}-Versorgung?

Wir nehmen regelmäßig B_{12}-Tabletten. Die Versorgung der Kinder wird anfangs über die Muttermilch gewährleistet. Ab einem Jahr hat unser Großer auch selber B_{12}-Tabletten bekommen. Zuerst bekam er halbe Tabletten.

Welche Nährstoffe ergänzt ihr mittels Präparaten?

B_{12} und Vitamin D.

Unsere erste Kinderärztin war zuerst begeistert von unserem Großen. Als sie hörte, dass wir vegan leben, wurde sie sehr kritisch und meinte, dass sie nicht wisse, ob sie das verantworten könne. Daraufhin wechselten wir gleich die Kinderärztin. Diese hatte zwar auch keine Erfahrungen mit veganen Kindern, zeigte sich aber offen für das Thema und meinte, solange es dem Kind gut geht, ist das kein Problem. Mittlerweile ist sie jedes Mal wieder von der Entwicklung unserer Kinder begeistert und wir fühlen uns sehr gut bei ihr aufgehoben. Wir sind auch trotz Umzug bei ihr geblieben und nehmen einen entsprechend langen Fahrtweg in Kauf.

Geht ihr mit den Kindern in den Zoo und in den Zirkus oder ist das problematisch?

Kein Zoo. Kein Zirkus. Artgerecht ist nur die Freiheit.

Ein klassisches Thema ist die Besorgung von veganen und gleichzeitig empfohlenen Kinderschuhen, vor allem die ersten Lauflernschuhe. Welche

Erfahrungen habt ihr damit gemacht?

Wir haben auch festgestellt, dass es sehr schwierig ist, »gute« vegane, lederfreie Kleinkinderschuhe zu bekommen. Wir sind meist auf günstige lederfreie Schuhe ausgewichen, bei denen wir auf weiche Sohlen geachtet haben, und drinnen ist er barfuß gelaufen. Außerdem haben wir uns *Stonz*-Stiefel aus Kanada geholt, die ziemlich cool sind. Bei den größeren Schuhen ab ca. Gr. 22 wird es besser. Wir haben zum Beispiel schöne lederfreie Sandalen von *Keen* besorgt, für die wir extra zu *Globetrotter* gefahren sind.

Habt ihr irgendwelche Erfahrungen mit veganer Formula-Milch gemacht? Wie sehen die aus?

Wir haben uns vor der Geburt unseres ersten Sohnes eine Not-Packung Humana SL auf Sojabasis gekauft. Glücklicherweise haben wir sie nie gebraucht, da wir beide Kinder voll stillen konnten und können.

Fandet ihr eine vegane Ernährung während der Schwangerschaft eher schwierig?

Nein. Interessanterweise wird Schwangeren ja sowieso empfohlen, rohes, nicht durchgegartes Fleisch, kaltgeräucherten Fisch und Wurst und Rohmilchprodukte zu vermeiden. Michaela hat sich während der Schwangerschaft abwechslungsreich vegan mit einem hohem Anteil an Vollkornprodukten ernährt und hat ihre Folsäure und B_{12} genommen. Beides wird auch nicht veganen Schwangeren empfohlen.

Timo und Michaela Stoll mit ihren Kindern

Habt ihr Erfahrungen beim Thema Kindergeburtstag von befreundeten, nicht veganen Kindern?

Bis jetzt wenig. Das wird noch kommen. Wir waren mit dem Großen bis jetzt bei einem Geburtstag eines befreundeten vegetarischen Paares, bei dem es für uns auch etwas veganes gab und wir haben auch selber vegane Kindermilchschnitten und Pizzaschnecken mitgebracht. Und dann waren wir noch auf einem Kindergeburtstag eines anderen veganen Paares.

Wie haltet ihr es mit dem Essen bei den Großeltern?

Die haben bis jetzt immer bei uns (vegan) gegessen oder wir haben selber veganen Kuchen mitgebracht.

Da Ela und der Große sehr gerne backen, ist das kein Problem.

Wo erlebt ihr Grenzerfahrungen im Thema Veganismus? Also an welchen Stellen geht ihr Kompromisse ein und aus welchen Gründen?

Bei Medikamenten und Impfpräparaten tolerieren wir, dass diese gegebenenfalls nicht vegan, bzw. nicht tierversuchsfrei sind. Ansonsten haben wir lederfreie Schuhe gekauft, ohne dass diese ausdrücklich als vegan ausgezeichnet waren.

Vegan auf Reisen

Ein Urlaub bedeutet immer auch die Chance, Neues zu entdecken, fremde Menschen, Kulturen und auch Speisen kennenzulernen. Die einzige Voraussetzung ist, dass man bereit ist, sich auf das Unbekannte einzulassen, und offen ist für Experimente, für neue, weniger bekannte Gemüse, exotische Gewürze und andere Zutaten. Gleichzeitig ist ein Urlaub mit Kindern immer eine Herausforderung, die schnell auch mal in Stress ausarten kann, sodass man sich nach Hause, ins Bekannte und Vertraute zurückwünscht.

Unseren eigenen ersten gemeinsamen Urlaub als junge Familie hatten wir uns jedenfalls anders vorgestellt: drei Wochen USA, West- und Ostküste, Freunde treffen, ins *Moma* gehen und im Pazifik baden – und das Kind ist eben einfach mit dabei. Nach drei Tagen im verschneiten New York, die wir hauptsächlich krank im Bett verbracht haben, während die Schneemassen für unseren Urlaubskinderwagen ohnehin kaum zu bewältigen waren, wurde uns klar, dass Urlaube, wie wir sie bisher gekannt hatten, von nun an wohl der Vergangenheit angehören würden ...

Blogs und Reiseportale

www.veggie-hotels.de/156-0-VeggieHotels-vegane-Pensionen-und-Hotels.html
(Hauptsächlich Pensionen und Hotels, ca. 500 vegetarische und 70 vegane Unterkünfte weltweit)

www.vertraeglich-reisen.de/reiseberichte/?188
(Vegetarische und vegane Unterkünfte)

www.tui.com/spezielle-kueche/vegane-kueche
(selbst TUI bietet mittlerweile den Service »Hotels mit veganer Küche«)

vebu.de/themen/lifestyle/vegetarisch-im-urlaub/veggiehotels
(Vegetarische und vegane Unterkünfte)

vebu.de/themen/lifestyle/vegetarisch-im-urlaub/reisen
(Der Vegetarierbund listet vegane Reiseveranstalter)

www.laubfresser.de/2009/08/unsere-vegane-camping-verpflegung.html
(Vegane Camping-Rezepte)

veltenbummler.blogspot.de
(Blog einer weltreisenden Veganerin mit zahlreichen Tipps für Hotels, Restaurants etc.)

www.planetbackpack.de
(Veganer Reiseblog)

Die Erfahrung, dass sich Urlaub mit Nachwuchs stressiger erweist als erwartet und mit viel mehr Planungen im Voraus verbunden ist, werden vermutlich alle frischen Eltern machen. Wenn man zudem aber auch noch vegan unterwegs ist, gesellen sich natürlich noch weitere Problematiken hinzu.

In Ferienwohnungen oder über *Airbnb* und andere Anbieter gebuchten Apartments besteht die Möglichkeit, mehr oder weniger zu kochen wie zuhause und das vegane Familienleben annähernd so zu gestalten wie dort. Vegane Lebensmittel lassen sich mittlerweile selbst im Feriendorf an der italienischen Küste auftreiben. Womöglich ist nicht jeder Fleischersatz erhältlich, aber in den Ferien sollte schließ-

Vegane Kindersonnencreme

Alverde: Baby Sonnenbalsam LSF 30 / Kinder Sonnenbalsam LSF 30

Sundance: MED KIDS Ultra Sensitive Sonnenspray LSF 50+ / ‚KIDS Sonnencreme LSF 50/KIDS Sonnenspray LSF 50

Eco Cosmetics: Baby Sonnencreme LSF 45 / Baby & Kids Sonnencreme LSF 50+

Sunozon: Sonnencreme für Kids LSF 30 / Sonnenmilch für Kids LSF 30, 50, 50+ / Sonnenspray für Kids LSF 30, 50

Louis Widmer: Kids Hautschutz Creme LSF 25

Nature's Gate: Kids Broad Spectrum LSF 50 / Mineral Kids Broad Spectrum LSF 20

Goddess Garden: Organics Kids Natural Sunscreen Continuous Spray LSF 30 / Organics Baby Natural Suncreen LSF 30 / Organics Kids Sport Natural Sunscreen Lotion LSF 30 / Organics Kids Sport Natural Sunscreen Continuous Spray LSF 30 / Organics Kids Natural Sunscreen Trigger Spray LSF 30 / Organics Kids Natural Sunscreen Lotion LSF 30

lich auch Zeit sein, zu experimentieren und neue Rezepte auszutesten. Sicherlich müsst ihr im ein oder anderen Punkt Abstriche machen: ob die Kissen mit Hühnerfedern gefüllt sind, der Grill im Garten noch nach Steaks riecht oder das einzige Restaurant im Fischerdorf noch nicht mal vegetarisches Essen anbietet, lässt sich im vorhinein nicht immer herausfinden.

Wenn du ganz sicher gehen willst, buche deinen Urlaub in einem nachgewiesen veganen Haus, Hof oder Hostel, es sind mittlerweile einige Webseiten entstanden, die sich ausschließlich um vegane Unterkünfte bemühen, z. B. *veggie-hotels.de*, wo neben vegetarischen auch weltweit vegane Unterkünfte gelistet sind, die beispielsweise nur tierversuchsfreie und vegane Reinigungsmittel verwenden.

Es existieren mittlerweile einige vegane ReiseveranstalterInnen. Anbieter, die sich speziell an den Bedürfnissen veganer Familien orientieren, gibt es allerdings bislang kaum, abgesehen von einzelnen Familienhotels und -Höfen. Immerhin aber bieten immer mehr Fluglinien veganes Essen an.

Nehmt am besten Kosmetikartikel von zuhause mit, so könnt ihr sichergehen, dass z. B. die Kindersonnencreme vegan ist.

Bei Urlauben im Ausland macht es Sinn, vorher zu recherchieren, was die dortige traditionelle Küche an veganem Essen zu bieten hat, wie die Versorgungssituation mit veganen Lebensmitteln ist und ob es vegane Restaurants in der Umgebung der Unterkunft gibt (*happycow.net*, *vegan-welcome.com*, *vegculture.net*). Auch gibt es Regionen, etwa viele Länder Osteuropas, in denen traditionell sehr fleischlastig gekocht wird, wodurch die Recherche im Voraus umso wichtiger wird.

Sinnvoll ist auch die Anschaffung des *Vegan Passport*, der in über 70 Sprachen erklärt, was ihr als VeganerInnen essen bzw. nicht essen möchtet (gibt es günstig bei diversen Veganversandhäusern). Zu einigen Städten und Ländern sind mittlerweile auch vegane Reiseführer erhältlich und das Magazin *Kochen ohne Knochen* besucht in jeder Ausgabe unterschiedliche Reiseziele und berichtet von den dortigen Voraussetzungen für VeganerInnen.

> Urlaub ist die Möglichkeit, Neues zu entdecken!

> Nicht überall ist geeignete Fertig-Beikost in Bio-Qualität erhältlich. Es sollte also immer eine Möglichkeit geben, die Babynahrung selbst zuzubereiten.

> Kosmetikartikel wie Sonnencreme von Zuhause mitbringen.

> Eine veganes Pendant zu *Airbnb* unter dem Namen *Vegvisits* entsteht derzeit.

> Informiert euch vor dem Urlaub über die Versorgungssituation mit veganen Lebensmitteln am Ferienort.

Ohne Eltern auf Tour

Klassenfahrt, Jugendfreizeit etc.

Irgendwann ist es so weit: Dein Kind fährt zum ersten mal alleine weg, ohne Eltern, ohne dich. Im Rahmen einer Klassenfahrt oder mit Freunden für eine Jugendfreizeit. Das eigene Kind alleine ziehen zu lassen, ist für viele Eltern nicht einfach. Eine solche Trennung auf Zeit ist aber für beide Seiten ein wichtiger Schritt in Richtung Selbständigkeit. Zentraler als die Ernährung am Reiseziel wäre für mich allerdings immer die Frage danach, ob mein Kind wohl Heimweh bekommt und wie damit umzugehen wäre, ob es sich mit den begleitenden Bezugspersonen wohlfühlt, wie es sich mit den anderen Kindern versteht, wie es mit Streit und Konflikten umgeht. Erst danach kämen den Veganismus betreffende Fragen auf. Und diese sind mittlerweile leichter zu lösen als die um das seelische Wohlbefinden des Kindes.

Immer mehr Anbieter von Kinder- und Jugendfreizeiten haben heute auch vegane Alternativen in ihrem Repertoire. Diese Angebote sind allerdings nach wie vor recht überschaubar und finden sich womöglich nicht in der eigenen unmittelbaren Umgebung. Im Falle konventioneller Freizeiten bietet sich das Gespräch mit den begleitenden BetreuerInnen an, um die Möglichkeiten für eine vegane Ernährung zu klären.

Ähnlich, aber doch etwas anders, ist die Situation auf Klassenfahrten: Die Kinder kennen sich untereinander, sind über die Essgewohnheiten deines vegan lebenden Kindes aus dem Schulalltag im Bilde. Im Rahmen der Klassenfahrt besteht für die MitschülerInnen die Möglichkeit, sofern die begleitenden LehrerInnen mitspielen, etwas über Veganismus im Alltag zu lernen, über die Tücken eines solchen Lebens, aber auch die Vorteile.

Die eigenen Kinder sind, wenn sie selbstbewusst und alt genug sind, ohne Eltern auf Reisen zu gehen, reif genug, auch eigene Entscheidungen treffen zu können. Ihr solltet darauf vertrauen, dass eure Erziehung und die durch euch vermittelten Werte nicht durch eine oder zwei Wochen Abwesenheit in die Brüche gehen. Wenn dein Kind auf der Freizeit beim abendlichen Grillen eine Wurst probieren will, wirst du das nicht verhindern können, das heißt aber nicht, dass deine Erziehung versagt hat. Keinen Sinn machen Verbote, pflegt einen offenen Umgang in allen Belangen des Lebens. Vertraue deinem Kind, lass es eigene Entscheidungen treffen. Respekt vor seinem eigenen Willen vorzuleben steht nun im Mittelpunkt. Gebt euren Kindern Selbstvertrauen mit auf den Weg, nur so wird es sich längerfristig für den schwierigeren Weg entscheiden und, statt beim abendlichen Grillen zum Würstchen zu greifen, die anderen Kinder von den Tofu-Würstchen überzeugen.

> Den Kindern vertrauen, wenn sie alleine verreisen.

> Den Kindern das Selbstvertrauen vermitteln, eigene Entscheidungen zu treffen.

> Einen offenen Umgang mit den Wünschen der Kinder pflegen, anstatt ihnen Verbote in Bezug auf das Essverhalten auf Reisen und Klassenfahrten zu machen.

Kein Druck, keine Verbote, keine Schuldgefühle

Im Gespräch mit Sohra Behmanesh

Du hast deinen Blog 2012 ins Leben gerufen, weil es einen derartigen für VeganerInnen in Deutschland nicht gab. Wie wichtig ist es für VeganerInnen nach wie vor Dinge selbst in die Hand zu nehmen? Hättest du irgendwelche Tipps für Eltern?

In den letzten Jahren hat der Veganismus einen enormen Schub nach vorne gemacht, und eine der schönen Entwicklungen dabei ist, dass VeganerInnen immer weniger selbst machen müssen – immer mehr Kitas und Schulen bieten veganes Essen an, andere Eltern backen immer häufiger vegane Geburtstagskuchen oder kaufen vegane Süßigkeiten oder Eisdielen werben mit veganem Angebot. Es war noch nie so leicht, vegan zu leben! Trotzdem ist natürlich nach wie vor einiges zu tun. Ich habe zum Beispiel immer vegane Süßigkeiten dabei, um meinem Kind eine Alternative anbieten zu können,

wenn mal wieder eine Tüte mit Gelatine-Gummibärchen die Runde macht oder backe Muffins vor und friere sie ein, um immer welche parat zu haben. Und wenn gerade keine Muffins im Gefrierschrank sind, weil ich nicht widerstehen konnte und wieder alle selber aufgegessen habe, kaufe ich schnell veganen Kuchen in einem der Cafés in der Nähe. Das wäre vor einigen Jahren nicht möglich gewesen.

Was sind die Schwerpunkte, die auf deinem Blog diskutiert werden? Und haben sich in den letzten Jahren die Themen geändert, haben Entwicklungen stattgefunden, ist es zum Beispiel leichter geworden, KinderärztInnen zu finden, die versuchen, Eltern vegan lebender Kinder positiv zu begleiten und zu unterstützen?

Ich fürchte, da gibt es einen deutlichen Unterschied zwischen der Situation in größeren Städten, wo man eher die Chance hat, auf verständnisvolle und informiertere ÄrztInnen zu stoßen, und der in kleineren Städten oder auf dem Land. Erfreulicherweise wird Veganismus mittlerweile weitgehend als gesunde Ernährungsweise wahrgenommen – wenn es um Kinder geht, hat sich diese Sichtweise leider noch nicht so ganz durchgesetzt. Aber auch da tut sich was, und auf meiner Webseite gibt es eine Liste mit veganfreundlichen KinderärztInnen, die ständig erweitert wird.

Die Themen, die veganen Eltern unter den Nägeln brennen, sind eigentlich oft die gleichen: lederfreie Kinderschuhe, geeignete Vitamin-B_{12}-Supplementierung oder die Frage danach, wie man altersgerecht mit seinem Kind über die Gründe für Veganismus spricht – das sind so die Klassiker.

Wichtig finde ich, dass sich dein Blog nicht nur mit Veganismus, sondern auch mit dem Zusammenleben, Respekt der Eltern den Kindern gegenüber beschäftigt. Gerade die Vermittlung der eigenen Werte wie Veganismus sollte ohne Druck und Drohungen auskommen. Was rätst du anderen Eltern, wie sie nachhaltig das Kind ohne Druck zum selbst-

Sohra Behmanesh betreibt den Blog *TofuFamily.de.* Sie ist seit vielen Jahren Veganerin und lebt mit Sohn und Freund in Berlin.

bewussten veganen Menschen erziehen können?

Ich glaube, dass ein Kind sich nur dann eigenständig für eine vegane Lebensweise entscheiden kann, wenn es auch den Raum hat, sich dagegen zu entscheiden. Ich glaube, dass es schlicht wahrscheinlicher ist, dass mein Kind auch später vegan bleibt, wenn es Veganismus nicht mit Belehrungen und Restriktionen assoziiert. Den Satz »Du darfst das nicht essen, das ist nicht vegan!« hat es aber nicht nur deshalb hier nie gegeben. Druck, Verbote, Schuldgefühle – das sind keine guten Begleiter für das Leben. Ich glaube, dass das Selbstgefühl und die Entwicklung der Selbstwirksamkeit darunter leiden, wenn Kindern nicht erlaubt wird, ihr eigenes Richtig und Falsch herauszufinden.

Auch wenn es nicht immer so aussieht: Kindern ist es existenziell wichtig, es ihren Eltern recht zu machen und ihren Erwartungen zu entsprechen. Deshalb möchte ich eigentlich den Hut ziehen vor Kindern, die den Mut haben, entgegen der Erwartungen ihrer Eltern ihren eigenen Weg finden zu wollen.

Ich habe entschieden, dass ich meinem Kind vertraue: Wenn er darauf bestanden hat, die Joghurtwaffel zu essen, dann wird ihm das aus einem bestimmten Grund sehr wichtig gewesen sein. Vielleicht war der Experimentierdrang sehr groß (das finde ich sehr natürlich). Vielleicht ging es ihm um Selbstbestimmung und Abgrenzung (das finde ich sehr berechtigt). Vielleicht hatte er auch einfach nur Bock, sich mal keine Gedanken darüber zu machen, was er da gerade isst und wollte genau das gleiche essen, wie die anderen (finde ich sehr menschlich). Gleichzeitig ist es mir aber auch wichtig, mit meinem Sohn altersadäquate Gespräche darüber zu führen, was es mit der Joghurtwaffel oder unveganen Gummibärchen auf sich hat. Für uns funktioniert das sehr gut, und bis auf einige seltene Ausnahmen ist mein Sohn sehr überzeugter Veganer.

Was waren die Grenzen, an die du in Bezug auf Veganismus in deiner eigenen Familie im Rahmen der Erziehung gestoßen bist?
Ich habe viel Glück mit unserem Umfeld: Verwandtschaft, Schule, FreundInnen und Kinderärztin sind der veganen Ernährung gegenüber sehr aufgeschlossen. Deswegen sind die einzigen Grenzen, auf die ich stoße, jene, welche mein Sohn von Zeit zu Zeit steckt – und die respektiere ich, auch wenn mir das ehrlich gesagt auch nicht immer leicht fällt, schließlich bin ich ja davon überzeugt, dass es falsch ist, Tierprodukte zu essen. Aber wir dürfen den Umstand nicht ignorieren, dass wir in einer Gesellschaft leben, die so tut, als sei es das normalste auf der Welt – das ist ein Konflikt für unsere Kinder. Und den müssen sie letztlich selbst lösen, in ihrem eigenen Rahmen innerhalb ihrer eigenen Grenzen.

Teil 3

Ganz nach
unserem
Geschmack:

Gesunde
Ernährung

Mutter werden

Schwangerschaft
und Stillzeit

Vegane Ernährung
während der Schwangerschaft

Juchu! Liebste Glückwünsche zur Schwangerschaft! Keine Sorge, eine gesunde und ausreichend gut versorgte vegane Schwangerschaft ist möglich! Dafür muss allerdings unbedingt genau hingeschaut werden. Die Versorgung mit den notwendigen Nährstoffen in der Schwangerschaft als Veganerin darf keinesfalls auf die leichte Schulter genommen werden. Schon in der Frühschwangerschaft drohen massive Entwicklungsschäden, wenn eine Unterversorgung eintritt. Um sich darüber Klarheit zu verschaffen und eine genaue Vorstellung darüber zu bekommen, was gegessen werden muss, um sich selbst und den heranwachsenden Fötus gesund zu halten, wurde das folgende Kapitel verfasst. Zur Ernährung zählen übrigens auch eine Reihe von Nahrungsergänzungsmitteln, die aufgrund des hohen Bedarfs in der Schwangerschaft und Stillzeit zusätzlich eingenommen werden können. Welche das genau sind, muss mit dem Arzt abgeklärt werden. Dazu gehören zum Beispiel Präparate für Eisen, Folsäure gegen Schäden am Neuralrohr des Ungeborenen oder Magnesiumpräparate für die Muskulatur der Schwangeren. Für Magnesium gibt es eine gute Nachricht: vor allem dunkler Kakao und die üblicherweise ohnehin vegan produzierte Zartbitterschokolade liefert auf etwa 100 Gramm schon über 200 Milligramm Magnesium, wenn der Kakaoanteil bei etwa 70 % liegt!

Ab dem ca. vierten Schwangerschaftsmonat steigt der Nährstoffbedarf relativ abrupt an (sowohl bei Omnivoren, als auch bei Veganerinnen). Zum einen steigt der Kalorienbedarf um täglich etwa 255 Kalorien, zum anderen muss besonders der Bedarf an Eisen, Vitamin B_6, B_{12}, Folat (Folsäure), Zink und Vitamin A sorgfältig im Auge behalten werden, um das Wohl von Mutter und Kind zu gewährleisten.

Die besten natürlichen Quellen für die wichtigsten Nährstoffe während der Schwangerschaft:

Calcium 1000 Milligramm am Tag, enthalten in Sesam, Amaranth, Haselnüsse, Brokkoli, Grünkohl, Mineralwasser, getrocknete Algen, Mohn, Feigen, Kichererbsen, Tofu

Eisen 30 Milligramm am Tag, enthalten in Samen, Nüssen, Hülsenfrüchten, Vollkorn. **Tipp:** Eisen zur besseren Aufnahme immer zusammen mit Vitamin C einnehmen!

Fette Ein Esslöffel Leinöl am Tag deckt den Bedarf an Omega-3-Fettsäuren. **Tipp:** Die Omega-3-Fettsäure hat eine sehr große Bedeutung für die Entwicklung von Augen und Gehirn des Fötus

Folsäure 550 Mikrogramm am Tag, enthalten in grünem Gemüse, Vollkornprodukten, Nüssen

Jod 230 Mikrogramm am Tag, enthalten in jodierten Küchensalzen

Magnesium	enthalten in Kakao, Nüssen, Soja, Vollkornprodukten. **Tipp:** Magnesium in der Schwangerschaft hilft sehr gut gegen eine harte Bauchdecke und besonders bei Wadenkrämpfen! Bis zu 700/800 Milligramm am Tag können gegen diese Beschwerden eingenommen werden.
Proteine	58 Gramm am Tag, enthalten in Getreide, Nüssen, aber auch Fleischalternativen: Lupine, Soja, Seitan, Sonnenblumenkernen, Chia-Samen, Quinoa, Bohnen, Erbsen
Vitamin B$_6$	1,9 Milligramm am Tag, enthalten in Walnüssen, Avocados, Kohl, Bananen, Hülsenfrüchten
Vitamin B$_{12}$	3,5 Mikrogramm am Tag, enthalten in speziell angereicherter Zahncreme und B$_{12}$ Präparaten und der Nori Alge (Sushi)
Zink	10 Milligramm am Tag, enthalten in Nüssen, Ölsamen, Buchweizen, Naturreis, Haferflocken, Roggen, Linsen, Kürbiskernen

Wichtig: Mangelernährung in der Schwangerschaft und während der Stillzeit kann lebensbedrohliche Auswirkungen auf das Kind haben!

Stillen ist kein Muss

Man liest es überall und daher sind sich alle einig: Stillen von Geburt an gilt als die beste Möglichkeit, ein Baby zu ernähren. Das gilt in besonderem Maße für Veganerinnen. Vorab: aller Still-Euphorie zum Trotz, gibt es natürlich selbstgewählte oder auch alternativlose Situationen, in denen das Stillen, sei es voll oder teilweise, schlicht keine Option darstellt – eine Stillbeziehung zum Kind kann sich auch durch Schmerzen und permanentes Unwohlsein und Stress auszeichnen, und es ist beileibe nicht für jede Frau ein schönes Gefühl, in einer derart starken Abhängigkeit vom Baby zu leben. Gerade die ersten Wochen sind in sehr vielen Fällen eine Strapaze für alle Beteiligten, wie euch jede Hebamme versichern kann. Übermüdung und wunde, schmerzende Brustwarzen sowie verhärtete Brüste sind zu Beginn keine Seltenheit und stellen natürlich eine Belastung dar. Leider können Mütter, davon berichten wir aus eigener Erfahrung, gerade in den von der WHO zertifizierten »babyfreundlichen« Krankenhäusern, leicht in einen unangenehmen Sog von kollektivem Druck seitens des Krankenhauspersonals geraten, das, ungeachtet mancher individuellen Problemstellungen, möglichst viele Mütter zum Stillen bewegen will. Um das Zertifikat »babyfreundlich« erhalten zu können, müssen die Einrichtungen eine Stillquote von etwa 80 % einhalten können. Und leider ist man ebenso vielen Meinungen und gutgemeinten Ratschlägen ausgesetzt, wie die Schichten sich rund um die Uhr abwechseln. Dabei kann es passieren, dass auf das Wohl, die Wünsche und Erwartungen der Mütter – und wohl manchmal auch auf das Kind selbst – zu wenig geachtet wird.

Möglicherweise ist euch auch dasselbe passiert wie uns mit unserem ersten Sohn Lior. Dann habt auch ihr ein Frühchen bekommen, mit dem noch lange niemand gerechnet hat. Die Situation nach der Geburt eines 1.000 bis 2.000 Gramm leichten Kindes erlaubt anfangs wenig bis gar keinen Spielraum für Stillversuche und diese werden unter Umständen vom Klinikpersonal auch nicht gern gesehen. Der Grund liegt in der wichtigsten Frage der Entwicklung

Die ersten ein bis zwei Wochen sind für die meisten Stillwilligen eine holprige Phase des Auf und Ab. Schmerzen in den Brüsten und ungeübtes Anlegen erschweren den Vorgang, der erst langsam zur Routine kommt. Mütter mit Kaiserschnittwunden oder anderen Geburtsschäden, zum Beispiel am Damm, oder auch psychischer Art, müssen mit zusätzlichen Schmerzquellen umgehen. Das Stillen sollte eine erholsame und Ruhe spendende Zeit sein. Lass dich nicht zum Stillen zwingen, wenn es sich nicht als die Bindung stärkend herausstellt.

des unreifen oder kranken Säuglings: Das Kind soll so schnell es geht zunehmen, um zu Kräften zu kommen. Lange, und für Mutter und Kind anstrengende Anlegeversuche können sich am Ende des Tages als Negativbilanz auf der Waage zeigen und sind daher zu vermeiden.

Stillen wäre schön, aber was, wenn's nicht klappt?

Allen Eltern steht es frei, von vornherein auf Formula zurück- zugreifen oder nach kurzer Phase des Ausprobierens nach dem Milcheinschuss abzustillen. Sei es, dass bald nach der Geburt ein Teil der einstigen Autonomie herbeigesehnt wird oder die Mutter auch ohne Einschränkungen durch Anlegen, Abpumpen und zusätzliche Absprachen schnell wieder arbeiten gehen möchte. Ein schöner Vorteil des Abpumpens von Muttermilch mit der Milchpumpe und des Fütterns mit Flasche: Der Partner, bzw. die Partnerin bekommt die Möglichkeit, gleichermaßen in den Genuss des Fütterns zu kommen. Eine hervorragende Möglichkeit, diese Bindung von Geburt an ebenso stark zu fördern, wie die Mutter-Kind-Bindung.

Überlegt euch, was genau ihr wollt. Ihr könnt, wenn es funktioniert und schön ist, voll Stillen, dann braucht ihr euch um die komplizierte Suche nach veganer Formula (Milchersatz, der nicht auf Kuhmilchbasis hergestellt wurde) nicht zu kümmern. Ihr könnt teilweise stillen und, um den Milchfluss nicht zu reduzieren, also ungewollt abzustillen, zusätzlich Milch aus der Brust abpumpen oder ausstreichen. Das Ausstreichen passiert mit der Hand im sogenannten C-Griff um die Brustwarze herum. Bei Interesse an einer elektrischen Milchpumpe fragt eure Hebamme bzw. FrauenärztIn. Diese sind oft jedoch schwer und nicht mobil. Ansonsten gibt es Handpumpen, die sind kleiner und leichter und können überall mit hin genommen werden.

Das Füttern mit der Flasche, ob nun Muttermilch oder Formula, hat einen schönen Nebeneffekt: Der Partner, bzw. die Partnerin können am intimen Vorgang des Säuglingfütterns teilnehmen!

Herkömmliche Formula wird auf Kuhmilchbasis hergestellt. Derzeit gibt es keine Milchersatznahrung auf dem deutschen Markt, die zum einen unumstritten ist und zum anderen gänzlich vegan. Veganer

Muttermilchersatz wird bisher auf Soja- oder Reismilchbasis angeboten. Formula-Erzeugnissen auf Sojabasis konnte in einer kanadischen Studie keine nachteilige Auswirkung auf Säuglinge nachgewiesen werden. Einen schlechten Ruf haben sie dennoch, da Soja im Verdacht steht, als starkes Allergen zu wirken. Zudem scheint es unter Experten fraglich, ob es dem Säugling gelingen kann, ganz ohne Bifidobakterien, die die Muttermilch bereithält, eine gut arbeitende Darmflora aufzubauen.

In anderen europäischen Ländern, beispielsweise Frankreich, wird Muttermilchersatz auf Sojabasis bedenkenlos seit langer Zeit konsumiert und in Krankenhäusern verabreicht. Auch in den USA fällt die Kritik verhaltener aus. Letztlich erscheint es uns schwierig, einen eindeutigen Ratschlag zu geben, da die Meinungen auch von Experten durchaus widersprüchlich ausfallen. Wir als Autoren des Buches sind an dieser Stelle einmal mehr auf den Boden der Tatsachen zurückgeholt worden, an dem wir zugeben müssen, eben keine Ernährungsexperten zu sein und auch trotz gründlicher Recherche zu keiner endgültigen Meinung kommen zu können. Wir können jedoch darauf verweisen, dass unser erster Sohn mit Formula ernährt wurde und sich prächtig entwickelt hat. Unser Eindruck verblieb dabei, dass ÄrztInnen und ExpertInnen zu wenig Informationen zu haben glauben, um Milchersatznahrung auf Sojabasis besten Gewissens empfehlen zu können. Sie verlassen sich daher lieber auf die konventionelle Formula-Nahrung auf Kuhmilchbasis.

Formula: Formula: auch »Instant Formula«; speziell zur Ernährung von Säuglingen unter 12 Monaten künstlich hergestelltes Mittel, das der Muttermilch nachempfunden ist und diese z. T. oder komplett ersetzen kann.

Einige Blogs halten immer wieder aktuelle Recherchen zum Thema Formula bereit. Darunter der Blog von Sohra Bemanesch, www.tofufamily.de.

Bifidobakterien: Bifidobakterien: Probiotika (= gesunde Bakterien), die hauptsächlich im Dickdarm vorkommen, die gesunde Verdauung unterstützen und das Immunsystem stärken.

Kleiner Kolik-Leitfaden

Sowohl gestillte als auch mit Formulamilch ernährte Säuglinge leiden in den ersten Lebensmonaten häufig unter schmerzhaften Verdauungsproblemen, Koliken genannt. Stillende Mütter können diese durch eine gewürzarme Ernährung und das Vermeiden bestimmter, vor allem blähender, Nahrungsmittel ein wenig abmildern. Dass euer Kind an Koliken und Bauchkrämpfen leidet, erkennt man oft daran, dass es die Beinchen krampfartig anzieht und ausstreckt sowie an der hart angespannten Bauchdecke.

Immer wachsam für das KISS-Syndrom bleiben, in diesem Fall schreien die Kinder nicht wegen der Bauchkrämpfe, sondern können nicht schmerzfrei in der Liegeposition verharren, weil Schmerzen an der Halswirbelsäule sie plagen. Ein Besuch beim Osteopathen sollte da Sicherheit bringen!

Tipps

Dem Baby Bauchmassagen mit Kümmelöl geben

Schmerzlindernde Tragemethoden wie den »Fliegergriff« anwenden

Zu den unserer Erfahrung nach besten Maßnahmen gegen Verdauungsbeschwerden beim Säugling zählen: Massagen mit den Beinen in der Luft (»Fahrradfahren«, oder bei uns »Pupsmassagen« genannt), Bauchmassagen mit Kümmelöl im Uhrzeigersinn, Kümmelzäpfchen, aber auch *Bigaia*-Tropfen. Diese Tropfen enthalten den Lactobacillus reuteri Protectis, ein natürliches Milchsäurebakterium, das dem Darm beim Aufbau der Darmflora hilft. Laut Packungsbeilage befinden sich in 5 Tropfen mindestens 100 Millionen lebende Keime, die bei der Einnahme den Darm besiedeln. *Sab Simplex*-Tropfen, oder auch *Lefax*, arbeiten mit dem Wirkstoff Simetikon, der wie ein Entschäumer wirkt. Entschäumer sollen die verteilte Luft im Darm des Babys leichter abgehen lassen und so gegen Blähungen helfen.

Bestimmte Tragemethoden können ebenfalls dabei helfen, die Schmerzen zu lindern: Dazu gehört der sogenannte Fliegergriff, bei dem das Kind bäuchlings auf dem Unterarm Spazieren getragen wird. Fragt eure Hebamme oder KinderärztIn nach weiteren schmerzlindernden Tragemethoden.

Wichtige Nährstoffe während der Stillzeit

Die meisten Babys werden nach Möglichkeit schon kurz nach der Geburt angelegt, um ihnen das nahrhafte Kolostrum, eine dickflüssige Vormilch aus der Brust vor dem Milcheinschuss zukommen zu lassen. Nicht etwa »für zwei« muss innerhalb der ersten vier Monate in denen voll gestillt wird, gegessen werden, aber es ergibt sich ein Mehrbedarf von etwa 635 kcal für die Mutter. Sollte auch danach noch voll gestillt werden, müssten zusätzlich noch ca. 525 kcal mehr aufgenommen werden.

»Um den Mehrbedarf an Vitaminen und Mineralstoffen zu decken, sollten Lebensmittel mit einer höheren Nährstoffdichte wie Gemüse, Obst, Vollkornprodukte und Hülsenfrüchte bevorzugt werden, da diese im Verhältnis zum Energiegehalt auch einen hohen Gehalt wertvoller Inhaltsstoffe aufweisen.« (Dr. Markus Keller) Veganen Müttern wird empfohlen bis zu zwei Jahren zu stillen.

Die besten Quellen für wichtige Nährstoffe in der Stillzeit:

Calcium 1000 Milligramm am Tag, enthalten in Sesam, Amaranth, Haselnüsse, Brokkoli, Grünkohl, Mineralwasser, getrocknete Algen, Mohn, Feigen, Kichererbsen, Tofu

Eisen 20 Milligramm am Tag, enthalten in Samen, Nüssen, Hülsenfrüchten, Vollkorn. **Tipp:** Eisen zur besseren Aufnahme immer zusammen mit Vitamin C einnehmen!

Folsäure 450 Mikrogramm am Tag, enthalten in grünem Gemüse, Vollkornprodukten, Nüssen

Magnesium	390 Milligramm am Tag, enthalten in Kakao, Nüssen, Soja, Vollkornprodukten
Vitamin B$_6$	1,9 Milligramm am Tag, enthalten in Walnüssen, Avocados, Kohl, Bananen, Hülsenfrüchten
Vitamin B$_{12}$	4 Mikrogramm am Tag, enthalten in spezieller angereicherter Zahncreme und B$_{12}$-Präparaten. **Tipp:** In regelmäßigen Abständen die Blutwerte auf den B$_{12}$-Status testen lassen!
Zink	11 Milligramm am Tag, enthalten in Hülsenfrüchten, Nüssen, Ölsamen, Buchweizen, Naturreis, Haferflocken, Roggen, Linsen, Kürbiskernen

Tipps

Holt euch eine fachkundige Ernährungsberatung mit ins Boot, um keine unnötigen Risiken einzugehen!

Esst pro Tag eine Hand voll gemischter Nüsse (ca. 60 Gramm), damit seid ihr bestens mit Vitamin B$_2$ und B$_6$ in der Schwangerschaft versorgt!

Grundstein für eine gesundheits-fördernde Ernährungsweise

Im Gespräch mit Dr. Markus Keller

Was ist die wichtigste Voraussetzung für eine gesunde vegane Ernährung von Kleinkindern und Kindern?

Ausreichendes Ernährungswissen und ein sorgfältig geplanter Speiseplan sind unverzichtbare Voraussetzungen, um ein Kind vegan und gesund zu ernähren. Dabei sollte besonders auf eine ausreichende Zufuhr der kritischen Nährstoffe geachtet werden, um eine optimale Nährstoffversorgung des Kindes sicherzustellen und gefährlichen Mängeln vorzubeugen. Dies lässt sich durch eine abwechslungsreiche und vollwertige Lebensmittelauswahl, ergänzt durch eine Vitamin-B_{12}-Supplementierung, umsetzen. Empfehlenswert ist eine Beratung durch eine entsprechend qualifizierte Ernährungsfachkraft. Im Rahmen der üblichen kinderärztlichen Vorsorgeuntersuchungen wird kontrolliert, ob sich das Kind altersgemäß entwickelt. Zusätzlich

Dr. Markus Keller ist Ernährungswissenschaftler, leitet das Institut für alternative und nachhaltige Ernährung (*www.ifane.org*) in Gießen und ist Autor zahlreicher Veröffentlichungen zum Thema Veganismus und Vegetarismus. Zusammen mit Edith Gätjen bietet er beim UGB e. V. Seminare an zum Thema »Vegane Vollwert-Ernährung« und »Vegan von Anfang an« (*www.ugb.de*).

sollten bei einzelnen kritischen Nährstoffen – vor allem Vitamin B_{12} – regelmäßig Blutuntersuchungen durchgeführt werden.

Sind diese Voraussetzungen erfüllt, betrachte ich eine vegane Ernährung auch für Kinder als geeignet. Wer Kindern und Jugendlichen eine abwechslungsreiche und vollwertige pflanzenbasierte Kost angedeihen lässt, schafft außerdem eine gute Basis für eine gesundheitsfördernde Ernährungsweise im späteren Leben, da das Ernährungsverhalten maßgeblich in der frühen Kindheit geprägt wird.

Oft wird kritisiert, etwa von der DGE, dass es zu wenige Studien zur veganen Ernährung von Kindern gibt, um diese empfehlen zu können. Ist das tatsächlich immer noch so?
Ja, die Studienlage zu veganer Kinderernährung ist sehr dürftig. Untersuchungen aus den 1980er- und 1990er-Jahren mit makrobiotisch-vegan ernährten Kindern zeigten deutliche Wachstums- und Entwicklungsstörungen wie auch zahlreiche Nährstoffmängel. Zu nicht-makrobiotisch veganen Kindern liegen Ergebnisse von lediglich zwei Studiengruppen vor, beide aus den 1980er-Jahren. In der ersten wurden etwa 40 vegane Kinder in Großbritannien und in der zweiten etwa 280 vegane Kinder in einer Landkommune in den USA untersucht. In beiden Studien waren die Kinder tendenziell etwas leichter, schlanker und, bei den unter 5-Jährigen, auch kleiner als die omnivoren Vergleichsgruppen. Insgesamt zeigten sie jedoch im Durchschnitt ein normales Wachstum und eine altersgemäße Entwicklung.

Welche sind die kritischen Nährstoffe, auf die Eltern besonders achten müssen?
Bei veganer Ernährung gibt es eine Reihe von Nährstoffen, bei denen die Zufuhr öfter unterhalb der Empfehlung liegt. Hierzu zählen vor allem Vitamin B_{12} und Calcium, aber auch Eisen, Zink, Vitamin B_2 und die langkettigen Omega-3-Fettsäuren. Wie in der Allgemeinbevölkerung gelten auch Jod und Vitamin D – in den Wintermonaten – als kritisch. Auch die Proteinzufuhr ist bei manchen Veganern, insbesondere bei jungen Frauen, zu niedrig. Bei den meisten der genannten Nährstoffe haben Kinder aufgrund des Wachstums einen höheren Bedarf als Erwachsene, bezogen auf das Körpergewicht. Daher muss auf eine ausreichende Zufuhr im Kindesalter ganz besonders geachtet werden. Dazu gehört eine zuverlässige Vitamin-B_{12}-Supplementierung über Nahrungsergänzungsmittel wie Tropfen oder Tabletten. Auch voll gestillte vegane Säuglinge sollten zusätzlich zur Muttermilch täglich Vitamin B_{12} erhalten.

Beginnen wir mit der ersten Beikost des Säuglings. Worin hat sich diese bei veganen Babys von der anderer Kinder zu unterscheiden?
Die Beikost sollte üblicherweise eine

hohe Energie- und Nährstoffdichte aufweisen, so auch bei veganer Beikost. Getreideprodukte, Nüsse und Hülsenfrüchte liefern die notwendige Energie, Protein sowie verschiedene Vitamine und Mineralstoffe. Die Zugabe von Pflanzenfetten in Form von Rapsöl, DHA-angereichertem Leinöl, Avocado oder Nussmus versorgen den Säugling mit zusätzlicher Energie. Ein ergänzendes Stillen bis mindestens zum zweiten Geburtstag des Kindes ist sehr zu empfehlen. Schon während des Stillens benötigt das Kind eine zuverlässige Quelle für Vitamin B_{12}. Zusätzlich zur Muttermilch sollte täglich etwa ein Mikrogramm Vitamin B_{12}, am Besten in Form von Tropfen, gegeben werden. Mit Beginn der Beikost kann diese Form der Vitamin-B_{12}-Supplementierung beibehalten werden. Geeignet sind außerdem mit Vitamin B_{12} angereicherte Lebensmittel. Für die Calciumaufnahme aus der Nahrung sowie den Knochenaufbau ist Vitamin D notwendig. Vitamin D kann mithilfe der Sonnenstrahlung in der Haut gebildet werden. Empfehlenswert sind daher tägliche Aufenthalte im Freien, etwa 15–30 Minuten zwischen 10 und 14 Uhr, mit etwa einem Viertel der Körperoberfläche unbedeckt. Das funktioniert allerdings nur in den sonnenreichen

Monaten zwischen April und September. Zwischen Oktober und März wird die UV-B-Strahlung der Sonne weitgehend herausgefiltert und die Eigensynthese kommt zum Erliegen. In dieser Zeit wird empfohlen, Säuglingen unter zwölf Monaten täglich 10 Mikrogramm und Kindern ab dem ersten Geburtstag 20 Mikrogramm Vitamin D zu geben. Dies gilt unabhängig von der Ernährungsweise. Der Säugling zehrt in den ersten Lebensmonaten weitgehend von den eigenen Eisenreserven, die er während des fetalen Wachstums bilden konnte. Nach sechs Monaten sind die Reserven erschöpft, unabhängig davon, ob die Mutter Veganerin ist oder nicht. Mit der Einführung von Beikost ist deshalb auf eine ausreichende Zufuhr von Eisen zu achten.

Und wie geht es nach dem Abstillen weiter?

Den Kindern sollte von klein auf eine möglichst breite und abwechslungsreiche Palette an vollwertigen pflanzlichen Lebensmitteln angeboten werden. Der Energie- und Nährstoffbedarf von Klein- und Vorschulkindern ist, bezogen auf das Körpergewicht, noch immer etwas höher als bei Erwachsenen. Eine ausreichende Zufuhr von Nahrungsenergie und Protein ist neben der sicheren Vitamin-B_{12}-Versorgung das Wichtigste, worauf es ankommt. Die Proteinzufuhr sollte aufgrund des Aminosäuremusters und der geringeren Verdaulichkeit pflanzlicher Proteine für vegan lebende Kleinkinder bis zu zwei Jahren um etwa ein Drittel und für Zwei- bis Sechsjährige um etwa ein Viertel gegenüber den allgemeinen Zufuhrempfehlungen erhöht werden. Sinnvoll ist eine Kombination der verschiedenen pflanzlichen Proteinquellen über den Tag verteilt, also Getreide, Hülsenfrüchte, Nüsse und auch Sojaprodukte.

Ist, wenn die Kinder in die Schule kommen, die kritischste Phase überstanden?

Der Nährstoffbedarf von Schulkindern liegt dem von Erwachsenen schon deutlich näher als bei jüngeren Kindern. Auch hier ist es aufgrund der niedrigeren biologischen Wertigkeit von pflanzlichem Protein sinnvoll, die empfohlene Proteinzufuhr gegenüber Mischkostkindern um etwa 15–20 Prozent zu erhöhen. Selbstverständlich sollte auch weiterhin die Zufuhr von Vitamin B$_{12}$ über Supplemente und/oder angereicherte Lebensmittel sichergestellt sein. Auch auf die ausreichende Versorgung mit den anderen kritischen Nährstoffen Eisen, Zink, Calcium, Jod, Vitamin B$_2$ und DHA

sowie Vitamin D in den Wintermonaten muss geachtet werden.

Gibt es Entwicklungsphasen, in denen besonderes Augenmerk auf die ausreichende Versorgung bei Jungen bzw. Mädchen gelegt werden muss?

Während der Pubertät kommt es zu Wachstums- und Entwicklungsschüben und daher auch zu einem deutlichen Mehrbedarf an Nahrungsenergie sowie verschiedenen Nährstoffen. Das betrifft vor allem Mädchen zwischen dem 10. und 13. Lebensjahr und Jungen zwischen dem 12. und 15. Lebensjahr. In dieser Zeit wird mehr Calcium benötigt, um den Längen- und Massenwachstumsschub des Skeletts sicherzustellen. Eine ausreichende Zufuhr von Eisen ist wichtig, da es neben den schnellen Wachstumsphasen auch zu einer Ausweitung des Blutvolumens kommt. Und bei Mädchen steigt der Eisenbedarf noch einmal, wenn die Menstruation einsetzt. Die Zinkzufuhr von Schulkindern und älteren Jugendlichen, insbesondere Mädchen, ist unabhängig von deren Ernährungsweise oft unbefriedigend und sollte verbessert werden. Da die Zinkaufnahme aus pflanzlichen Lebensmitteln schlechter ist als aus tierischen, ist eine höhere Zinkzufuhr, etwa 50 Prozent mehr, als bei Mischköstlern empfehlenswert.

Nährstoffbedarf von Kindern in den verschiedenen Lebensphasen

Jedes Lebensalter eines Kindes konfrontiert die Eltern mit speziel-len Herausforderungen in allen möglichen Bereichen und selbstver-ständlich auch in der Frage der Ernährung. Während eine ausreichende Versorgung mit allen zentralen Nährstoffen in jedem Alter notwendig ist, werden in bestimmten Lebensphasen einige Nährstoffe besonders wichtig.

Die Aufnahme von Nährstoffen kann durch die Wechselwirkung mit anderen Nährstoffen verbessert, durch andere wiederum gehemmt werden (siehe dazu Infoblock zu den Nährstoffen auf S. 119). Du soll-test dir ein Wissen über die Bedürfnisse deiner Kinder an Nährstoffen aneignen, das über dein eigenes Ernährungswissen hinausreicht. Denn eine vegane Ernährung von Kindern ist zwar durchaus möglich, erfordert aber eine genaue Planung – in jedem Alter.

In einer Gesellschaft, in der die offiziellen Stellen, wie die Deutsche Gesellschaft für Ernährung (DGE), sich beharrlich weigern, Eltern veganer Kinder Hilfestellung zu leisten und mit Informationen zu versorgen, bleibt es schwierig, sich als junge Eltern in ungewohnten

Kontexten, wie Kinderbetreuungseinrichtungen, zu orientieren, die nur mit viel Glück auf die Essenswünsche veganer Eltern eingehen, und in denen man, angesichts einer fehlenden rechtlichen Grundlage für die Kindergartenspeisung, selbst für vegetarische Angebote dankbar sein muss. In anderen Ländern ist man da weiter, so schreibt die Academy of Nutrition and Dietetics (A.N.D., bis 2012 American Dietetic Association, ADA): »Gut geplante vegane und andere Formen der vegetarischen Ernährung sind für alle Phasen des Lebenszyklus geeignet, einschließlich Schwangerschaft, Stillzeit, früher und späterer Kindheit und Adoleszenz.« Und auch der Fachverband der kanadischen KinderärztInnen hält fest, dass »gut geplante vegetarische und vegane Ernährungsweisen mit einer angemessenen Aufmerksamkeit für spezifische Nährstoffkomponenten einen gesunden alternativen Lebensstil für alle Entwicklungsstadien vom fetalen Stadium über Kindheit bis zur Adoleszenz bilden kann. Eine angemessene Information der Familie und eine Beobachtung der Entwicklung ist erforderlich. Es stehen viele nützliche Instrumente und exzellente Anleitungen zur Verfügung, um Familien und im Gesundheitssystem tätige Experten dabei zu unterstützen.«

Wir sind weder KinderärztInnen noch ErnährungswissenschaftlerInnen, vielmehr verkörpern wir letztendlich ganz normale Eltern, die sich Gedanken über die Ernährung ihrer Kinder machen. Um diese Gedanken mit Wissen zu füllen mussten wir auf unterschiedlichste Quellen zurückgreifen. Wir haben hier versucht, möglichst viele Informationen zusammenzutragen, bitte sprecht aber darüber hinaus mit eurem/eurer KinderärztIn oder Ernährungsfachleuten, bildet euch weiter, sucht immer wieder nach aktuellen Informationen, neuen Studien etc. Die empfohlenen Werte ändern sich immer mal wieder, da die Forschung zu bestimmten Nährstoffen ständig weiter geht. Ihr müsst zu ExpertInnen der veganen Kinderernährung werden.

Dieses Buch kann nur einen Überblick liefern, worauf ihr als Eltern achten solltet – über welche Nahrungsmittel die Nährstoffe dann konkret aufgenommen werden, welche Rezepte sich besonders gut eignen: dafür gibt es glücklicherweise Kochbücher und Blogs, die am Ende dieses Buches aufgeführt werden.

Grundsätzlich gilt: Aufgrund des erhöhten Nährstoffbedarfs von Kindern ist nicht nur ein umfassendes Wissen über Ernährung und Inhaltsstoffe notwendig, sondern ebenso über Lagerung und Zubereitung der Lebensmittel. Im Zuge der Verarbeitung von Lebensmitteln gehen Nährstoffe verloren, was durch eine schonende Zubereitung abgefedert werden kann. Eine regelmäßige Kontrolle der Blutwerte (etwa ein bis zwei Mal jährlich) ist ebenso wichtig wie regelmäßige Kinderarztbesuche und die Supplementierung von B_{12} sowie unter Umständen von weiteren Nährstoffen in kritischen Wachstums- und Entwicklungsphasen.

Beikost

Die erste Beikost wird begleitend zur Muttermilch oder Formula gegeben, und führt zu wahren Geschmacksexplosionen im Mund eures Babys. Die meisten Eltern entscheiden sich frühestens ab dem fünften Lebensmonat dafür, dem Kind auch erste Kostproben von zerdrückter Banane oder milden Gemüsesorten wie Kartoffeln oder Möhren zuzufüttern. Für den Start gilt es, ein oder zwei Voraussetzungen zu beachten. Das Kind sollte den Reflex, das Essen postwendend wieder aus dem Mund zu schieben, verloren haben, und ihr solltet den Eindruck bekommen haben, dass die Milch möglicherweise nicht mehr ganz ausreicht, den Hunger komplett zu stillen. Meist ist dies ab dem 5. bis spätestens dem 7. Lebensmonat der Fall, das Kind wird nun über die Milch nicht mehr vollständig mit dem notwendigen Nährstoffgehalt versorgt. Für eine gute Nährstoffdichte, Energie und Protein sollte die vegane Beikost – wie es auch auf jede andere Beikost zutrifft – ausreichend Getreide, Hülsenfrüchte und Nüsse aufweisen. Kost wie Hülsenfrüchte solltet ihr nur langsam zufüttern, da sie zwar sowohl gesund und wichtig sind, als auch blähend wirken können.

Dem Brei können als Energielieferanten Fette aus Avocado, Rapsöl und anderen Pflanzenfetten hinzugefügt werden. Ist das Kind abgestillt, wird Vitamin B_{12} und bei Bedarf Eisen supplementiert. Auch gestillte Säuglinge bekommen wenig Eisen aus der von Natur aus

Karottenbrei

Zutaten: 100g frische Karotten,
zwei TL Kürbiskernöl

Die Karotten werden geschält, in
kleine Stücke geschnitten und mild
gedünstet. Anschließend wird mit
dem Pürierstab zerkleinert und dem
Brei das Kürbiskernöl hinzugege-
ben.

Dasselbe lässt sich gut auch mit
anderem milden Gemüse zubereiten.
Bei älteren Kindern empfiehlt es
sich, mit der Gemüseauswahl und
dem Öl immer mehr zu experimen-
tieren. Kombinationen aus verschie-
denen Gemüsen können die Gerichte
immer wieder neu aufpeppen.

Tipps

Erste Beikost nicht vor dem
5. Lebensmonat

Babybrei selbst zubereiten und in
kleinen Portionen, zum Beispiel
in Eiswürfelbehältern, einfrieren;
bei Bedarf schnell auftauen.

eisenarmen Muttermilch. Säuglinge versorgen sich in den ersten
Lebensmonaten aus den eigenen
angeborenen Eisenreserven, die
zum Zeitpunkt der Einführung der
Beikost möglicherweise erschöpft
sind und wieder aufgefüllt werden müssen. Die Zubereitung von
Babybrei ist, will man ihn nicht
direkt im Laden kaufen, denkbar
einfach zu bewerkstelligen. Kleine
Mengen verschiedener Gemüse,
am besten in Bio-Qualität, werden
schonend gegart, zum Beispiel im
Dampfgarer, den kleinen Portionen noch ein wenig Muttermilch
oder Formula zugesetzt, ein bis
zwei Teelöffel Öl (gibt es extra für
Beikost im Bioladen) und schon ist
der Babybrei fertig. Gemüsesorten
(Kartoffeln, Möhren ...), die sich
hierfür anbieten, sind mild und
nicht blähend. Der Brei sollte unge-
würzt bleiben.

Auf Eisen muss auch in der
veganen Beikost geachtet werden.
Eine Ernährungsbasis aus Gemüse
und Getreide, Nüssen und Obst und
seltener Hülsenfrüchten (blähend!)
bietet eine gute Grundlage. Zur
verbesserten Aufnahme des Eisens
bietet es sich an, zusätzlich Vitamin C bei der Einnahme zu füttern.
Einige Nahrungsmittel tragen von Natur aus sowohl Eisen, als auch
Vitamin C in sich, dazu gehören dunkelgrüne Blattgemüse wie z. B.
Mangold und Brokkoli, aber auch Rote Beete ist empfehlenswert.

Darüber hinaus existieren gute Eisenquellen in Form von angereicherten Cerealien, zum Beispiel Brot, Reis oder Nudeln.

Erstes bis fünftes Lebensjahr

Wichtig ist, dass Kinder im Wachstum ausreichend mit Kalorien
versorgt werden, Lebensmittel wie Avocados, Nüsse, Tahin, Sojaprodukte bieten eine solche hohe Kaloriendichte. Darüber hinaus sind
im Kleinkindalter besonders wichtig: Calcium, Eisen, Vitamin D, Zink,
Jod und Omega-3-Fettsäuren, sowie selbstverständlich Vitamin B_{12}.
Die Mengenangaben der Lebensmittel, auf die im Kontext der verschiedenen Nährstoffe verwiesen wird, stellen keine Nahrungsemp-
fehlungen dar, sondern sollen lediglich veranschaulichen, in welchen
Nahrungsmitteln beispielhaft die empfohlenen Nährstoffmengen
vorhanden sind. Eine ausgewogene
Ernährung sollte sich täglich aus
unterschiedlichsten Komponenten
zusammensetzen. Beispielsweise
aus Vollkornprodukten wie Brot
und Cerealien, Gemüse, Hülsenfrüchten, Nüssen, Samen, Sojamilch
und Obst. Wenn man täglich von all
diesen Komponenten etwas zu sich
nimmt, dürften bei einer gleichzeitigen B_{12}-Supplementierung keine
Mangelerscheinungen auftreten, wobei man bei Kindern im Wachstum
dennoch immer wachsam bleiben muss.

Grundsätzliches zum Thema Essen

> *Möglichst viel frisch zubereiten*
> *Auf Bio-Qualität achten*
> *Abwechslungsreiche Mahlzeiten*
> *Viel Rohkost*

Proteine   Proteine sind wichtig für das Wachstum und helfen bei
der Heilung von Wunden und Krankheiten. Markus Keller
und Claus Leitzmann raten, veganen Kindern aufgrund
der geringeren Verdaulichkeit pflanzlicher Proteine,
die Proteinzufuhr »im Alter von bis zu zwei Jahren um
30–35 % und von zwei bis sechs Jahren um 20–30 % zu
erhöhen.« (Leitzmann/Keller: *Vegetarische Ernährung*,

S. 302). Laut Nährwerttabelle des Vegetarierbundes benötigen Kinder zwischen eins und vier Jahren 13 g (Jungen:
14 g) Proteine pro Tag, zwischen vier und sieben 17 g (Jungen: 18 g). Dies entspricht beispielsweise 100 g getrockneten Kichererbsen (ca. 18,6 g Protein), 150 g Vollkornnudeln
(ca. 18 g Protein), 50 g gerösteten Erdnüssen (ca. 14 g) oder
50 g Sonnenblumenkernen (ca. 14 g Protein).

Calcium Calcium ist für das Wachstum von Knochen und Zähnen
besonders wichtig. Kinder zwischen eins und vier Jahren
brauchen 600 mg Calcium pro Tag, zwischen vier und
sieben 700 mg. Gute Calciumquellen sind angereicherte
Sojamilch (in 100 ml sind ca. 120 mg Calcium enthalten),
Tahin (in 100 g ca. 650 mg Calcium), Grünkohl (ca. 200 mg
auf 100 g), Brennessel (ca. 700 mg auf 100 g) und andere
grüne Gemüse.

Vitamin D Ab einem Jahr benötigen Kinder, je nach Studie, 20–50
Mikrogramm (µg) Vitamin D pro Tag. Im Sommer kann
das Vitamin D durch die Sonne in der Haut gebildet
werden, wenn man regelmäßig und
täglich draußen ist – Sonnenschutz

Tipps

*Aufgrund ihrer kleinen Mägen
nehmen Kinder unter Umständen
zu wenige Kalorien auf, daher lieber
mehr kleinere Mahlzeiten über den
Tag verteilt anreichen.*

*Regelmäßige Bluttests geben
Sicherheit, dass die ausreichende
Versorgung gewährleistet ist.*

vermindert übrigens die Aufnahme.
Wenn dies nicht möglich ist, sollte
dringend supplementiert werden,
im Winter ist die Nahrungsergän-
zung in diesem Alter für alle Kinder
dringend empfohlen. Die Standard-
tabletten in Kombination mit Fluor,
die fast alle Kleinkinder unter einem
Jahr verschrieben bekommen, sind
nicht vegan. Markus Keller fasst
zusammen: »Die meisten Präparate
enthalten Vitamin D_3, das aus Lanolin, also Wollfett gewonnen wird. Studien weisen darauf hin, dass pflanzliches Vitamin D_2 eine deutlich geringere Wirksamkeit

aufweist als Vitamin D_3. Mittlerweile sind jedoch auch vegane Vitamin-D_3-Präparate auf dem Markt, die aus Flechten stammen.« (Keller: *Vegane Kinderernährung*, S. 26) Welche veganen Vitamin-D-Supplemente es gibt, kann man der Tabelle auf S. 124 entnehmen.

Vitamin B_{12}   Ab einem Jahr brauchen Kinder regelmäßig mindestens ein Mikrogramm Vitamin B_{12} pro Tag. Angereicherte Nahrung kann die Versorgung mit B_{12} unterstützen, reicht allerdings alleine nicht aus.

Eisen   Der Eisenbedarf von Kindern in diesem Alter liegt bei ca. 8 mg pro Tag. Wichtig ist eine gleichzeitige Aufnahme von Vitamin C in Form von frischem Obst oder Gemüse. 8 mg Eisen entsprechen ca. 120 g getrockneten Pfirsichen, 70 g Weißer Rübe, 100 g Arama Algen oder 100 g Leinsamen.

Zink   Ab einem Jahr benötigen Kinder drei, ab vier Jahren fünf mg Zink pro Tag. Dies ist beispielsweise enthalten in 100 g getrockneten Sojabohnen (ca. 4,2 mg), 100 g Paranuss (ca. 4 mg), 150 g Quinoa (ca. 3,5 mg) oder 200 g Naturreis (ca. 3,5 mg).

Jod   Jod ist einerseits zentral für den Aufbau der Schilddrüsenhormone und andererseits für die Bildung von Nervenwachstumsfaktoren – schon im Mutterleib wird Jod für die Hirnentwicklung des Fötus benötigt. Kinder zwischen einem und sechs Jahren benötigen täglich zwischen 100 und 120 Mikrogramm Jod.
Neben Jodsalz (enthält pro Gramm ca. 20 Mikrogramm Jod) sind Jodquellen vor allem Algen, aber auch beispielsweise Cashewnüsse besitzen einen relativ hohen Jodanteil. Aufgrund des nicht standardisierten Jodgehaltes von Algen ist hierbei schnell eine Überdosierung möglich, die sich etwa in Hautausschlägen oder einer Schilddrüsenüberfunktion äußern kann. Algen mit moderatem Joadanteil, etwa Nori, sollten bevorzugt werden.

Fett	Für die Entwicklung der Sehfähigkeit und des Nervensystems ist eine ausreichende Versorgung mit Omega-3-Fettsäuren bei Kleinkindern besonders wichtig, z. B. über Lein-, Hanf- oder Rapsöl. Eure ein- bis dreijährigen Kinder sollten davon täglich ca. drei Teelöffel zu sich nehmen (davon mindestens ein halber Teelöffel Leinöl oder zwei Teelöffel Rapsöl), ab vier Jahren täglich ein Teelöffel Leinöl oder ein Esslöffel Rapsöl. Möglich ist auch eine Supplementierung durch Algenölkapseln.

Sechstes bis zwölftes Lebensjahr

Der Nährstoffbedarf von Schulkindern nähert sich immer mehr dem von Erwachsenen an. In diesem Alter müsst ihr besonders auf die ausreichende Versorgung folgender Nährstoffe achten: Protein, Vitamin B2, Vitamin B_{12}, Calcium, Zink, Jod und Eisen.

Protein	Eltern veganer Kinder sollten auf die üblichen Empfehlungen für den Proteinbedarf ca. 20 % hinzu addieren. Der Bedarf steigt im Alter zwischen sechs und zwölf von ca. 24 g auf ca. 34 g pro Tag. Im Vergleich zu Kindern unter sechs verdoppelt sich die Menge der Beispiellebensmittel annähernd auf 200 g getrocknete Kichererbsen (ca. 26 g Protein), 300 g Vollkornnudeln (ca. 36 g Protein), 100 g geröstete Erdnüsse (ca. 28 g) oder 100 g Sonnenblumenkerne (ca. 28 g Protein).
Vitamin D	Ab sechs Jahren benötigen Kinder 20 Mikrogramm Vitamin D pro Tag. Im Sommer kann das Vitamin D durch die Sonne in der Haut gebildet werden, wenn man regelmäßig und täglich draußen ist. Sonnencreme verhindert diesen Prozess allerdings. Im Winter oder wenn der regelmäßige Aufenthalt in der Sonne nicht möglich ist, empfiehlt sich dringend die Nahrungsergänzung in diesem Alter für

alle Kinder. Für vegane Vitamin-D-Supplemente siehe die Tabelle auf S. 124

Vitamin B$_{12}$ Ab sechs Jahren brauchen Kinder regelmäßig mindestens 1,5 Mikrogramm Vitamin B$_{12}$ pro Tag. Angereicherte Nahrung kann die Versorgung mit B$_{12}$ unterstützen, reicht allerdings alleine nicht aus.

Calcium Calcium ist für das Wachstum von Knochen und Zähnen besonders wichtig. Kinder zwischen sechs und zwölf Jahren brauchen 900 bis 1.100 mg Calcium pro Tag. Gute Calciumquellen sind angereicherte Sojamilch (in 100 ml sind ca. 120 mg Calcium enthalten), Tahin (in 100 g ca. 650 mg Calcium), Grünkohl (ca. 200 mg auf 100 g), Brennnessel (ca. 700 mg auf 100 g) und andere grüne Gemüse.

Vitamin B$_2$ Auch Riboflavin genannt, spielt beim Stoffwechsel eine wichtige Rolle, das Vitamin ist am Abbau der mit der Nahrung aufgenommenen Nährstoffe beteiligt. Daneben erfüllt es Funktionen beim Wachstum und ist daher in dieser Altersstufe besonders wichtig. Der Bedarf bei Kindern zwischen dem 6. und 12. Lebensjahr liegt bei ca. 0,7–1,6 mg. 100 g Mandeln enthalten ca. 0,6 mg, 100 g Champignons ca. 0,45 mg, 100 g Kürbiskerne 0,32 mg und in 100 g getrocknete Linsen ca. 0,26 mg Vitamin B$_2$.

Zink Ab sechs Jahren benötigen Kinder 7 mg Zink pro Tag, bei Jungen ab zehn Jahren erhöht sich der Bedarf auf 9 mg. Dies ist beispielsweise enthalten in 200 g getrockneten Sojabohnen (ca. 8,5 mg), 200 g Paranuss (ca. 8 mg), 300 g Quinoa (ca. 7 mg) oder 400 g Naturreis (ca. 7 mg).

Jod Jod wird für den Aufbau der Schilddrüsenhormone und die Bildung von Nervenwachstumsfaktoren benötigt. Kinder zwischen sechs und zwölf Jahren benötigen täglich zwischen 140 und 180 Mikrogramm Jod.
Neben Jodsalz (enthält pro Gramm ca. 20 Mikrogramm Jod)

sind Jodquellen vor allem Algen, aber auch beispielsweise Cashewnüsse besitzen einen relativ hohen Jodanteil. Aufgrund des nicht standardisierten Jodgehaltes von Algen ist hierbei schnell eine Überdosierung möglich, die sich etwa in Hautausschlägen oder einer Schilddrüsenüberfunktion äußern kann. Algen mit moderatem Joadanteil, etwa Nori, sollten bevorzugt werden.

Eisen Der Eisenbedarf von Mädchen in diesem Alter liegt bei ca. 15 mg pro Tag, von Jungen bei 10–12 mg. Der Eisenbedarf steigt mit der Pubertät vor allem bei Mädchen durch den Blutverlust bei der Menstruation. Wichtig ist eine gleichzeitige Aufnahme von Vitamin C in Form von frischem Obst oder Gemüse. 15 mg Eisen entsprechen ca. 200 g getrockneten Pfirsichen, 120 g Weißer Rübe, 180 g Arama Algen oder 180 g Leinsamen.

Vegane Teenager ab dreizehn Jahren

In diesen Jahren ist der Nährstoffbedarf besonders hoch, niemals sonst, abgesehen vom ersten Lebensjahr, wächst der Mensch so viel wie in dieser Zeit. Nährstoffe, auf die Teenager besonders achten müssen: Proteine, Calcium, Vitamin D, Eisen und Vitamin B_{12}.

Proteine Der Bedarf steigt zwischen dem 13. Und dem 18. Lebensjahr bei Jungen von 46 g auf 60 g pro Tag, bei Mädchen verbleibt er die gesamte Jugend über bei ca. 46 g. Andere Empfehlungen zur Proteinaufnahme sprechen von 0,8 g pro kg Körpergewicht bis vierzehn Jahren, danach 0,8 g Protein pro kg Körpergewicht bei Mädchen und 0,9 g pro kg Körpergewicht bei Jungen. Im Vergleich zu Kindern zwischen sechs und zwölf steigert sich die Menge der Beispiellebensmittel annähernd auf 400 g getrocknete Kichererbsen (ca. 50 g Protein), 400 g Vollkornnudeln (ca. 50 g Protein), 200 g geröstete Erdnüsse (ca. 54 g) oder 200 g Sonnenblumenkerne (ca. 54 g Protein).

Calcium Calcium wird für den Knochenaufbau benötigt, Teenager sollten pro Tag mindestens 1200 mg zu sich nehmen. Markus Keller und Claus Leitzmann empfehlen, während dieser Jahre täglich mehrere gute Calciumquellen in die Ernährung einzubauen, z. B. angereicherte Sojamilch, grünes Gemüse, Tahin aber auch calciumreiches Mineralwasser und gegebenenfalls Calcium während des Wachstums in der Jugend zu supplementieren (vgl. Leitzmann/Keller: Vegetarische Ernährung, S. 306)

Vitamin D Im Sommer kann Vitamin D durch die Sonne in der Haut gebildet werden, wenn man regelmäßig und täglich draußen ist. Ohne Sonneneinstrahlung muss Vitamin D ergänzt werden.

Eisen Der Eisenbedarf steigt in der Pubertät vor allem bei Mädchen durch den Blutverlust bei der Menstruation. Zur Verbesserung der Eisenaufnahme sollte gleichzeitig Vitamin C genommen werden. Kaffee und Tee sollten dagegen nicht mit eisenreichem Essen konsumiert werden. Bei Eisenmangel unbedingt supplementieren. Der Eisenbedarf von Mädchen liegt nun bei ca. 15 mg pro Tag, von Jungen bei 12 mg. 15 mg Eisen entsprechen ca. 200 g getrockneten Pfirsichen, 120 g Weißer Rübe, 180 g Arama Algen oder 180 g Leinsamen.

Vitamin B_{12} Während der gesamten Jugend ist eine ausreichende B_{12}-Versorgung unbedingt notwendig, supplementieren obligatorisch.

Weiterführende Literatur

Markus Keller: »Vegane Kinderernährung«, in: *UGBforum spezial Vegan und vollwertig essen*, S. 25–28. Claus Leitzmann / Markus Keller: *Vegetarische Ernährung*. (3. aktualisierte Aufl.). Ulmer 2013

Infoblock Nährstoffe

Ballaststoffe — **Wichtig für:** Verdauung, Ballaststoffe binden bei der Ausscheidung Fette und Giftstoffe und helfen, den Körper zu reinigen. **Enthalten in:** Buchweizen, Gemüse, Hafer, Hirse, Gerste, Mais, Obst, Roggen, Trockenobst, Vollkornreis, Wurzelgemüse.

Calcium — **Wichtig für:** Bildung und Stabilität von Knochen und Zähnen, für Blutgerinnung und Aktivierung einiger Enzyme und Hormone. **Enthalten in:** Mandeln und Haselnüssen, Sesam/Tahin und Mohn, getrockneten Feigen, Tofu, Haferflocken, Sonnenblumenkernen, Rote Bete.

Vitamin D wirkt regulierend auf den Calciumspiegel im Blut.

Die Calciumaufnahme wird durch eine hohe Zufuhr von Protein, Zucker und Salz behindert.

Eisen — **Wichtig für:** Blutproduktion, Sauerstofftransport im Blut, Enzymbildung, Muskelaktivität, geistige Leistungsfähigkeit. **Enthalten in:** Algen, Vollkornprodukten, Hirse, Weizenkeimen und -kleie, grünem Gemüse (Spinat, Brokkoli), getrocknete Früchte, Sesam, Amarant, Haferflocken, Tofu, roter Trauben- und Rote-Beete-Saft, Fenchel, Nüssen, Hülsenfrüchten, Sonnenblumenkernen

Die Kombination mit Vitamin-C-haltigen Lebensmitteln unterstützt die Aufnahme von Eisen, Calcium dagegen hemmt die Aufnahme.

Fettsäuren, z. B. Omega3-Fettsäure — **Wichtig für:** Zellfunktionen, Entwicklung des Gehirns und der Augen, Fließeigenschaften des Blutes. **Enthalten in:** Rapsöl, Weizenkeimöl, Leinöl, Nüssen, Hanföl.

Jod   **Wichtig für**: Versorgung der Schilddrüse zur Produktion von wichtigen Hormonen. **Enthalten in:** jodiertem Speisesalz, Meeresalgen, Chia-Samen.

Kohlenhydrate   **Wichtig für**: Energie. **Enthalten in:** Gemüse, Gerste, Getreide, Hirse, Hülsenfrüchten, Hummus, Kartoffeln, Mais, Naturreis, Nüssen, Obst, Süßkartoffeln

Proteine   Eiweiße, die als Grundbaustein der Zellen fungieren. Regulieren Flüssigkeitshaushalt, wichtig für intaktes Immunsystem, liefern wertvolle Energie. **Enthalten in:** Hülsenfrüchten, Kürbiskernen, Tofu, Tempeh, Seitan, Sesam, Nüssen, Samen, Sonnenblumenkernen, Getreide, Avocados.

Vitamin B$_{12}$ **Wichtig für**: Zellstoffwechsel, Bildung roter Blutkörperchen und Funktion des Nervensystems. **Enthalten** nur in angereicherten Lebensmitteln: z. B. Pflanzenmilch, Frühstücksflocken, Säfte.

Vitamin D   **Wichtig für**: Knochenaufbau und die Aufnahme von Calcium, Zahnbildung, Stärkung des Immunsystems. **Enthalten in:** angereicherter Pflanzenmilch, angereicherter veganer Margarine (darauf achten, dass Vitamin D$_2$ enthalten ist, Vitamin D$_3$ ist meist vom Tier).

20 % des Vitamin D werden über die Nahrung aufgenommen, 80 % kann der Körper durch Sonneneinstrahlung auf die Haut synthetisieren (daher wichtig: viel draußen sein, mind. 30 Minuten am Tag, im Winter besser Nahrung zusätzlich anreichern oder Vitamin-D-Präparate nehmen).

Zink   **Wichtig für**: Stoffwechselvorgänge, Immunsystem, Wundheilung, Wachstum. **Enthalten in:** Vollkornreis, Nüssen, Saaten, Sprossen, Grünem Blattgemüse (Spinat, Mangold), Keimen, fermentierten Sojaprodukten (Tempeh, Miso, Natto), Hülsenfrüchten, Petersilie.

Nährstoffbedarfstabelle

Täglicher Bedarf an Nährstoffen, auf die im Wachstum besonders geachtet werden muss.

	1–3 Jahre	4–5 Jahre
Calcium	600 mg	700 mg
Eisen	8 mg	8 mg
Jod	100–120 µg	100–120 µg
Proteine	13–14 g	17–18 g
Vitamin B$_2$	0,7 mg	0,9 mg
Vitamin B$_{12}$	mindestens 1 µg	mindestens 1,5 µg
Vitamin D	mindestens 20 µg in den Wintermonaten, im Sommer ca. 5 µg	mindestens 20 µg in den Wintermonaten, im Sommer ca. 5 µg
Zink	3 mg	5 mg

6–12 Jahre	13–18 Jahre
900–1.100 mg	mindestens 1200 mg
Mädchen: 15 mg Jungen: 10–12 mg	Mädchen: 15 mg Jungen: 12 mg
140–180 µg	200 µg
24 g ab 10 Jahren 34 g	Mädchen: ca. 46 g bzw. 0,8 g pro kg Körpergewicht Jungen: 46–60 g bzw. 0,9 g pro kg Körpergewicht
Mädchen: 1–1,2 mg Jungen: 1–1,4 mg	Mädchen: 1,2 mg Jungen: 1,5 mg
mindestens 1,8–2 µg	mindestens 3 µg
mindestens 20 µg in den Wintermonaten, im Sommer ca. 5 µg	mindestens 20 µg in den Wintermonaten, im Sommer ca. 5 µg
7–9 mg	Mädchen: 7 mg Jungen: 9–10 mg

Weiterführende Nährstoffbedarfsinformationen:
www.meerstern.de/media/wysiwyg/vebu-vegane_naehrwerttabelle.pdf

Symptome für Mangelernährung

Zu Erscheinungen von Mangelernährung sollte man es bei seinen Kindern selbstverständlich niemals kommen lassen und immer darauf achten, dass sie ausreichend mit allen wichtigen Nährstoffen versorgt sind.

Eisenmangel Die Kinder wirken müde und lustlos, sind appetitlos, können sich nur schlecht konzentrieren und sind anfällig für Infekte. Körperlich kann es sich in brüchigen Nägeln und einer nur schwach durchbluteten Innenseite des Augenlids zeigen.

Calciummangel Die Kinder zittern schnell und haben Muskelkrämpfe, ihre Zahnentwicklung ist unter Umständen gestört. In Verbindung mit Vitamin-D-Mangel kann sich auch eine Rachitis entwickeln.

B$_{12}$-Mangel B$_{12}$-Mangel führt unter anderem zu Schädigungen des Nervensystems. Sichtbare Symptome treten erst auf, wenn es bereits zu spät ist – die Schäden sind zu diesem Zeitpunkt bereits irreversibel.

Nahrungsergänzungsmittel

Die Auswahl an Nahrungsergänzungsmitteln ist in den letzten Jahren glücklicherweise angewachsen und es sind mittlerweile sogar Supplemente auf dem Markt erhältlich, die speziell auf die Bedürfnisse von Kindern abgestimmt sind. Die folgende Auflistung umfasst die zentralen Nährstoffe, die meisten von ihnen werden bei gut geplanter Ernährung hoffentlich niemals notwendig werden. In bestimmten Wachstumsphasen empfiehlt sich unter Umständen eine vorbeugende Supplementierung, haltet dazu Rücksprache mit eurem/eurer KinderärztIn. Nahrungsergänzungsmittel sollten sowieso immer in Absprache mit dem/der KinderärztIn verabreicht werden.

Vitamin B$_{12}$ Zur Supplementierung von Vitamin B$_{12}$ existieren verschiedene Möglichkeiten: wichtig sind vor allem Tabletten, Tropfen oder Spritzen (daneben gibt es auch Pflaster und Trinkampullen). Die Dosierungen liegen in einem sehr weiten Spektrum, so gibt es beispielsweise unterschiedliche Tabletten, die zwischen 10 Mikrogramm und 2000 Mikrogramm enthalten. Erstere sind für die tägliche, letztere für die wöchentliche Einnahme vorgesehen. ExpertInnen empfehlen die niedriger dosierte tägliche Aufnahme von Vitamin B$_{12}$ (vgl. Iris Berger: Vitamin-B$_{12}$-Mangel bei veganer Ernährung, S. 68).

Neben reinen B$_{12}$-Supplementen existiert auch ein Produkt, das neben der täglichen Dosis B$_{12}$ auch andere Nährstoffe enthält: VEG 1 – für Kinder: eine halbe Tablette pro Tag enthält neben B$_{12}$ auch ca. 100 % der empfohlenen Dosis Vitamin D, 70 % Vitamin B6, 50 % Jod, 50 % Vitamin B2, 50 % Folsäure und 50 % Selen. Die von der Vegan Society entwickelte Zusammensetzung ist speziell auf die Bedürfnisse von VeganerInnen abgestimmt, die meisten der Nährstoffe sollten jedoch ohnehin

Zahnpasta

Vegan lebende Kinder sollten immer B$_{12}$ supplementieren. Darüber hinaus gibt es mit B$_{12}$ angereicherte Zahnpasta (allerdings noch keine explizit für Kinder und nicht sehr kostengünstig von der Firma Santé). Eine Studie des Instituts für alternative und nachhaltige Ernährung zu angereicherter Zahnpasta hat ergeben, dass die Verwendung von angereicherter Zahnpasta den B$_{12}$-Status signifikant verbessern kann. Jedoch sollte man sich nicht ausschließlich auf die Aufnahme von B12 über die Mundschleimhaut verlassen – vor allem nicht bei Kindern.

über den täglichen Lebensmittelkonsum aufgenommen werden, daher schreibt die Oecotrophologin Iris Berger: »Für VeganerInnen, die sich insgesamt unausgewogen ernähren, mag ein veganes Multivitamin sinnvoll sein, nicht aber für solche, die auf eine vollwertige Ernährung achten und ausschließlich Vitamin B$_{12}$ supplementieren möchten.«

(Iris Berger: *Vitamin-B12-Mangel bei veganer Ernährung*, S. 69). Spezielle B_{12}-Supplemente sind:

> Better You Boost Spray (ein Sprühstoß enthält 300 Mikrogramm B_{12})
> Jarrow Methyl B-12 500 µg (Lutschtabletten. Wird explizit auch für Kinder empfohlen, eine Tablette pro Tag)
> Ankermann Vitamin-B_{12}-Tropfen (hauptsächlich in Deutschland in der Apotheke erhältlich, ein Tropfen enthält zwei Mikrogramm Vitamin B_{12}. Tropfen lassen sich den meisten Kleinkindern am unkompliziertesten verabreichen)

Vitamin D Es gibt zwei Varianten von Vitamin D: Vitamin D_2 und Vitamin D_3. Die meisten Vitamin-D-Präparate und angereicherten Lebensmittel enthalten Vitamin D_3. Dieses wird aus Wollfett oder Fisch gewonnen. Es existieren Studien, die pflanzlichem Vitamin D_2 eine geringere Wirksamkeit nachweisen als Vitamin D_3. Mittlerweile gibt es auch vegane Ergänzungsmittel mit Vitamin D_3, das aus Flechten gewonnen wird, z. B. das Vitashine Vitamin D3 Spray.

> Vitashine Vegan 1000 IU Vitamin D3 Spray (für Kinder: 2–3 Sprühstöße)
> Vitashine Vegan Vitamin D3 5000 IU Capsules

Eisen

> Hübner Eisen Vital F
> Das gesunde Plus: »Eisen Vital Liquid« (dm)
> Das gesunde Plus: Eisentabletten (dm)
> Das gesunde Plus: Eisen + Vitamin C Brausetabletten (dm)

Weiterführende Literatur
Iris Berger: *Vitamin-B12-Mangel bei veganer Ernährung. Mythen und Realitäten aufgezeigt anhand einer empirischen Studie.* Stuttgart: ibidem Verlag 2009.

Bezugsquellen

> Vegane Supermärkte
> Teilweise Apotheken oder Drogerien
> Veganversandhäuser in Deutschland und Österreich:
  www.rootsofcompassion.org
  www.larada.org
  www.terraelements.de
  www.formosa.at
> Internationaler Veganversand:
  store.veganessentials.com

Blogs veganer Eltern

> www.tofufamily.de
> www.vamily.de
> gemuesebaby.de
> www.fraulein-moon.de
> vegan-in-anderen-umständen.de
> vegan-family.blogspot.de
> edenstellerchen.wordpress.com
> vollwert-blog.de
> allaboutveganfood.com
> die-vegane-mami.com
> www.riotsnotdiets.co.uk/p/vegan-babies.html
> leafysoul.wordpress.com
> blauerhibiskus.wordpress.com/about
> holzhuetteneinblicke.wordpress.com (vegetarisch)
> peta.de/veggiekinder#.VgEXBM61qG9
> liliput-lounge.de/schwanger/vegan-schwanger
> veganhappylove.blogspot.de
> mamasmaeuse.wordpress.com/tag/vegan

Literaturempfehlungen

Berger, Iris: *Vitamin-B12-Mangel bei veganer Ernährung. Mythen und Realitäten aufgezeigt anhand einer empirischen Studie.* Stuttgart: ibidem Verlag 2009.

Bolk, Patrick (Hg.): *Ab heute vegan. So klappt Dein Umstieg. Ein Wegweiser durch den veganen Alltag.* Mainz: Ventil Verlag 2013.

Foer, Jonathan Safran: *Tiere essen.* Köln: Kiepenheuer & Witsch 2010.

Kaldewey, Christina: *Vegane Küche für Kinder. Einfach lecker für kleine Einsteiger.* Münster: compassio media 2012.

Langley, Gill: *Vegane Ernährung.* Göttingen: Echo Verlag 1999.

Leitzmann, Claus / Markus Keller: *Vegetarische Ernährung.* 3. Auflage. Stuttgart: Ulmer 2013.

Mecklenbrauck, Annika / Lukas Böckmann (Hg.): *The Mamas and the Papas. Reproduktion, Pop & widerspenstige Verhältnisse.* Mainz: Ventil 2013.

Norris, Jack / Virginia Messina: *Vegan for Life. Everything you need to know to be healthy and fit on a plant-based diet.* Cambridge: Da Capo 2011.

Proctor, Reuben / Lars Thomsen: *Veganissimo 1. Tierliche Inhaltsstoffe & ihre Alternativen.* 3. überarbeitete und erweitere Auflage. Kiel: sicht verlag 2012.

Sezgin, Hilal: *Artgerecht ist nur die Freiheit. Eine Ethik für Tiere oder Warum wir umdenken müssen.* München: C.H. Beck 2014.

Stepaniak, Joanne / Vesanto Melina: *Raising Vegetarian Children. A Guide to Good Health and Family Harmony.* New York: McGraw-Hill 2003.

Villamagna,Dana / Andrew Villaamagna: *The Comlete Idiot's Guide to Vegan Eating for Kids.* New York: Alpha Books 2010.

Patrick Bolk
Vegan, aber günstig
Spar dir das Tier

Patrick Bolk greift auf seine jahre-
lange Erfahrung als Veganer zurück
und gibt in seinem neuen Buch
»Vegan, aber günstig« Ratschläge,
wie man auch mit günstigen Produkten aus dem Supermarkt um
die Ecke Gerichte zubereiten kann,
die nicht nur lecker und vielfältig
sind, sondern auch alle wichtigen
Nährstoffe enthalten. Neben
Rezepten finden sich Tipps zur
Haltbarmachung und optimalen
Verwertung von Obst und Gemüse,
alternativer Lebensmittelbeschaf-
fung und der kostengünstigen
Zubereitung von Fleischersatz,
Pflanzenmilch & Co.

144 S., ISBN 978-3-95575-048-0
€ 9,90 (D)

Patrick Bolk (Hg.)
Ab heute vegan
So klappt dein Umstieg –
Ein Wegweiser durch
den veganen Alltag

Dieser Ratgeber für den Einstieg in
ein Leben ohne tierische Produkte
zeigt, wie man einfach und genuss-
voll vegan essen und leben kann.
Das Buch hilft Neu-VeganerInnen
und Interessierten, Antworten auf
alle praktischen Alltagsfragen zu
finden. Auf einen Blick, kompakt
und trotzdem umfassend gibt's
alle wichtigen Infos zu Themen wie
Gesundheit und Ernährung, Kochen
und Backen, Einkaufen, Urlaub und
Reise, Kleidung, Kosmetik, Umgang
mit Freunden und Familie und
vieles mehr. Entstanden ist das
Buch aus einem der meistgele-
senen Vegan-Blogs in deutscher
Sprache: Deutschland is(s)t vegan.

144 S., ISBN 978-3-95575-010-7
€ 12,90 (D)

Mecklenbrauck / Böckmann (Hg.)
The Mamas and the Papas
Reproduktion, Pop &
widerspenstige Verhältnisse

Wie verändert sich das popkultu-
relle Leben durch den Nachwuchs,
wie verschieben sich (gefühlte)
Szenezugehörigkeiten oder lösen
sich sogar auf? Persönliche
Erfahrungsberichte stehen neben
wissenschaftlichen Beiträgen.
Behandelt werden Themen wie
alternative Familienbilder und
-modelle, die gesellschaftliche
Wahrnehmung des schwangeren
Körpers, das Stiller, Grenzen und
Möglichkeiten von Erziehung und
Feminismus, Muttermythen und
Medizintechnik, (Kinder-)Musik und
Literatur, Schule und Stadt im Rah-
men von Popkultur, der politischen
Linken und Feminismus.

284 S., ISBN 978-3-95575-009-1
€ 14,90 (D)

www.ventil-verlag.de
mit Webshop

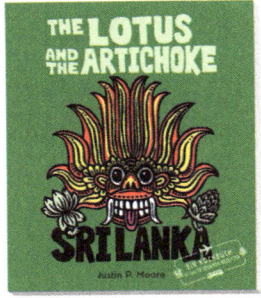